트럼프의 귀환, 미국의 미래

트럼프의 귀환, 미국의 미래

손열·하상응 편

EAI

일러두기

본문에서 필자가 인용한 문헌은 해당 내용 끝 괄호 안에 저자와 발표 연도를 표기하여 제시하고, 각 장별 참고문헌에 그 서지 사항과 출처를 명기하였다.

책을 펴내며

이 책의 기획은 2023년 10월 시작되었다. 미국정치 전문가와 국제정치 전문가가 만나 미국 패권의 미래를 연구한다는 목표하에 결성한 동아시아연구원EAI 미국연구팀 8인은 2016년 트럼프 당선으로 본격화된 미국의 변화를 보다 장기적·구조적 전환의 재현으로 파악하여 그 특징과 원인을 다각도로 분석한 후, 2024년 선거 이후 미국의 미래를 전망하고자 하였다. 이 팀은 매월 1회 저녁 공부모임을 진행하여 쉼 없이 1년을 이어갔다. 서로 번갈아가며 주요 읽기자료를 선정하고 나누어 발제하며 토론으로 밤 10시를 넘기곤 했다. 2024년 3월 미 대선 레이스가 본격화하자 매월 주제를 선정, 동아시아연구원 이슈브리핑을 5회 발간하였다. 또한 11월 5일 선거 결과를 분석하는 동영상도 3편 게재하였다. 원고의 일부는 2024년 12월 한국국제정치학회 연례대회 특별 세션에서 발표하기도 하였다. 이 책은 이러한 연구를 쌓아 올린 결과다.

미국이 우리에게 사활적 존재인 만큼 미국 연구는 사활적 중요성을 갖는다. EAI 미국연구팀은 이렇듯 중차대한 책무를 능히 짊어질 만큼 학문적으로 성숙하고 정책적으로 열성적인 지식인 그룹임을 이번 연구과정을 통해 여실히 증명해 보였다. 결과로 나온 이 책은 일반독자와 정책써클이 크게 주목할 것이다.

　　공동편집을 맡아준 하상응 교수는 집필진 구성에서부터 공부모임 진행, 집필과 출판까지 전 공정에 관여하며 이끌어주었고, 이소영 EAI 연구원은 실무 지원을 맡아 출판에 커다란 기여를 하였다. 특별히 감사드린다. 이들의 도움에 힘입어 필자들은 즐겁게 만나 뜨겁게 토론하며 지식을 쌓고 우애를 키울 수 있었다. 덕분에 EAI의 연구 역량도 한층 격상된 듯하다. 후속 작업을 기대하고 싶다.

　　　　　　　　　　　　　　　　　　　　　　인왕산을 내다보며
　　　　　　　　　　　　　　　　　　　　　　손 열

차례

책을 펴내며   6

서장   손열, 하상응   10

1장   2024년 미국 대통령 선거와 양극화 정치   28
       서정건

2장   2024년 대통령 선거를 통해 본 미국 민주당의 미래   48
       하상응

3장   신우파의 부상과 미래 미국   68
       차태서

4장	산업정책 논쟁으로 본 2024 미국 대선 정영우	96
5장	미국 통상정책의 현재와 미래: 보호주의의 재림과 강화 양준석	128
6장	트럼프 2기 행정부의 외교정책 전망: 외교정책결정집단을 중심으로 권보람	144
결론	트럼프의 미국과 한국 전재성	168

집필진 약력 192

서장

손 열 | 동아시아연구원(EAI) · 연세대학교

하상응 | 서강대학교

I. 들어가며

2024년 대선의 승자 도널드 트럼프Donlad J. Trump는 불과 4년 전 코로나 팬데믹 대응 실패, 인종차별적 언행, 미 국회의사당 점거 반란 선동 혐의, 대선 결과 불복 등으로 역사상 최악의 대통령으로 낙인찍히는 수모를 겪었다. 그런 전직 대통령이 화려하게 부활하였다. 미국을 상징했던 민주주의가 후퇴하고, 이민 국가 미국에서 백인 민족주의 정체성이 강조되며, 국제사회와의 약속을 저버리고 자국우선주의 외교를 강조하는 이른바 "트럼프 현상"이 다시 부각되고 있다. 왜 그럴까. 미국은 어디로 가는가. 트럼프 현상은 가속화될 것인가. 향후 국제질서에 어떤 영향을 줄 것인가. 국제사회가 미국에게 바라는 편의와 풍요는 제공

될 것인가. 트럼프의 미국이 국제사회가 바라는 미래상과 거리가 멀다면 그 방향으로 선회할 수 있을까. 트럼프 이후의 미국은 과거의 익숙한 모습으로 되돌아올 수 있을까.

지난 2016년 11월 트럼프의 당선과 함께 등장한 트럼프 현상은 단순히 트럼프라는 독특한 리더십 출현을 이야기하는 것이 아니라 미국이라는 체제의 거시적 변화라고 볼 수 있다. 미국 경제, 사회, 문화, 정치, 외교 등 각 분야에서 거대한 변화가 전개되고 있다는 뜻이다. 이는 제2차 세계대전 이후 미국이 건축하고 유지해온 국제질서가 쇠퇴하는 현상과 관계가 있다. 미국은 압도적인 군사력과 경제력을 바탕으로 자유주의적인 국제질서를 지구적으로 확산시켰고 탈냉전기 그 리더십은 더욱 공고화되었다. 그러나 21세기 들면서 국력의 상대적 쇠퇴에 따라 미국은 기성 질서 유지에 필요한 공공재를 제공하는 데 한계를 느끼고 있다. 동맹 네트워크라는 안보 공공재, 국제통화기금International Monetary Fund: IMF, 세계은행World Bank: WB, 세계무역기구World Trade Organization: WTO 등 경제 공공재를 제공하는데 미국은 과거와 같은 국내정치적 지지를 확보하기 어려운 것이다. 트럼프의 미국우선주의는 이러한 경향을 극적으로 재현하고 있다.

한편 미국의 글로벌 리더십 쇠퇴 이면에는 국내정치의 거대한 변화가 자리하고 있다. 2024년 트럼프의 승리는 미국 정치에서 1980년대 이후 정권의 변화와 무관하게 진행되어왔던 미국의 신자유주의 경제정책의 한계를 여실히 드러낸 사건이다. 양적인 경제 성장은 이루었지만 동시에 경제 불평등을 심화시킨 자유무역과 국가 정체성을 갉

아먹는 이민에 반대하며 '미국 우선주의'를 내세운 트럼프는 공화당의 주류로 자리 잡았다. 이러한 공화당의 모습은 세계 경찰을 자처하면서 민주주의의 확산을 위해 군사적 개입까지 불사했던 네오콘Neoconservatives의 공화당과 완전히 다르다. 군사안보 영역에서 비개입주의 혹은 고립주의적 행보는 미국의 자국민들의 이익이라는 프레임으로 포장되었다. 동시에 대미국 무역수지 흑자를 내는 나라들에게 관세를 부과함으로써 다자주의적 자유무역 질서를 훼손하는 행위도 역시 미국 중산층 노동자들의 이익을 위한 것이라고 주장한다. 트럼프의 '미국 우선주의'가 실질적으로 중하층민(특히 쇠락한 중공업 지대에 사는 고졸 백인 노동자)의 삶의 질을 향상시켰는지에 대한 이론은 팽배해 있지만, 적어도 선거에서는 그 레토릭rhetoric이 효과적으로 작동하였다. 오랫동안 민주당을 지지했던 백인 노동자 계층의 표심이 트럼프의 공화당으로 이동하면서 민주당은 고학력 소수인종 엘리트의 정당으로 입지가 좁아졌다는 해석도 있다. 여러모로 양대 정당의 지지 기반과 정체성에 큰 변화가 생겼다.

 이 책은 트럼프의 귀환과 미국의 미래를 이야기한다. 먼저 2024년 대선 결과를 분석한 후, 왜 트럼프가 복귀할 수 있었는지, 민주당의 실패와 공화당의 성공을 분석할 것이다. 이를 바탕으로 이 책은 향후 미국의 국내정치와 외교정책의 향방을 예측하고 한국의 대응 전략을 제시할 것이다.

II. 미국 패권의 부상과 쇠퇴

트럼프의 등장이 미국의 국력의 한계를 보여주는 것이라면 이는 미국이 자국이 주도한 국제질서를 유지하는 능력이 하강하고 있음을 뜻한다. 본래 국제질서를 조성하고 유지하는 데에는 주도국의 군사력과 경제력 등 물리력과 함께 질서를 구성하는 규칙, 규범, 원칙, 제도 등의 내용을 제공하는 능력이 요구된다. 이러한 질서는 구성원 모두에게 편익을 가져다 주는 것이므로 일종의 공공재라 할 수 있고, 국제 공공재를 제공할 수 있는 능력을 구비하고 또 실천할 의지를 가지고 있는 국가는 패권국hegemonic power이라 불린다.

미국이 패권국으로 등장한 것은 제2차 세계대전 후다. 당시 미국은 압도적인 군사력과 경제력이 보유하고 있었다. 1945년 종전 시점에서 미국의 군사비는 세계 군사비 총액의 거의 60%를 차지하였고, 냉전 초기 줄곧 35-40%를 유지하였다. 이러한 미국의 지배적 지위는 세계 GDP의 50%를 차지하는 압도적 경제력을 바탕으로 하였다. 당시 미국은 세계 철강생산의 50%, 자동차 생산의 80%를 차지하는 "세계의 공장"이었다(Kennedy 1986, chapter. 7).

이렇듯 압도적인 물리력을 바탕으로 미국은 새로운 국제질서를 주도하였다. 주권 존중, 영토적 통일성 유지, 시장 논리에 기초한 자유과 개방, 분쟁의 평화적 해결, 민주주의와 다자주의 원칙 등 이른바 자유주의 국제질서는 미국이 제공하는 국제 공공재인 동시에 미국의 이익을 수호하고 증진하는 규칙, 제도, 조직원리이었다. 이는 사실 보편적 가치와 이상의 표현이라기보다는 미국 사회가 담고 있는 문화적, 정치적 이상이 지구적으로 확장된 것으로 볼 수 있다. 패권적 국제질서는 종종 패권국의 규범적 정향, 문화와 이념을 담은 관념과 규칙을 반영하기 때문이다(Kupchan 2014).

미국은 구체적인 기제로 유럽에 12개국 동맹체인 나토North Atlantic Treaty Organization: NATO 건설을 주도하고 동아시아에서는 필리핀, 일본, 한국, 중화민국과 양자동맹, 호주 및 뉴질랜드와는 3자 동맹체ANZUS, 동남아 8개국과 동남아조약기구SEATO를 결성하는 등, 미국이 주도하는 동맹 네트워크를 수립하였다. 경제 면에서는 IMF, WB, 무역·관세 일반협정General Agreement on Tariffs and Trade: GATT 등 국제 공공재 제공을 통해 '법치'와 '개방경제'라는 중심 가치를 담은 다자질서를 추구했다.

여기서 패권 질서의 수용은 물리력에 의한 강요가 아니라 군사동맹을 통한 안보 제공과 경제원조와 같은 경제적 유인을 제공하여 얻어지는 것이었다. 공공재 제공의 차원에서 미국은 유럽에 마샬플랜Marshall Plan을 통한 대규모 경제지원을 제공하였고, 아시아의 일본, 한국, 대만 등 냉전 최전선에 위치한 국가들에 대한 경제원조와 비대칭적 시장개방을 통해 새로운 국제질서를 구축해 갔다. 생산, 투자, 금융, 기술 모든 면에서 미국은 상대국에 대해 지배적인 위치를 차지하고 있었으며 또한 내수시장이 크고 자급자족의 정도가 높아서 정책결정자들은 미국주도 국제질서 구축을 위해 자본의 논리를 일정하게 타협, 희생하는 경제전략을 추진할 수 있는 여유가 있었다. 실제로 미국은 유럽과 일본에 "세계의 시장"이자 "수요의 제공국"으로서 세계 경제의 성장을 이끌었다. 일본과 독일(서독)이 미국 시장의 거대한 수요에 힘입어 수출을 통해 경이적인 경제성장을 이룰 수 있었음은 주지의 사실이다.

그러나 1970년대 들면서 미국은 수입의 확대에 따른 무역적자의 증대, 베트남전의 장기화에 따른 재정적자 확대, 인플레가 만연하며 금 유출 위기를 맞아하자, 닉슨 대통령은1971년 금=달러 태환을 정지하고 달러 본위 고정환율제Bretton Woods system: BWS, 브레튼 우즈 체제를 파기, 보호무역을 실시하며 브레튼 우즈 체제를 허물었다. 곧이어 두 차례 석유위기 속에서 미국이 만성 인플레, 경상수지 적자와 재정적자란 쌍둥이 적자에서 탈피하지 못하자 미국질서에 대해 도전하는 움직임, 예컨대 신국제경제질서New International Economic Order: NIEO와 같은 구미선진국 주도 경제질서에 대한 도전세력들이 등장하였다.

미국의 선택은 자유주의 국제질서를 보다 강화하는 것이었다. 국내적으로는 이른바 신자유주의 혁명neoliberal revolution으로 불리듯 시장기능을 극대화하고 국가개입을 최소화하는 자유화 정책으로 경제체제를 변환하고자 하였다. 레이건 정부는 영국의 대처 수상이 주도한 신자유주의 정책을 수용하여 작은 정부, 민영화, 탈규제를 적극 추진하였고, 특히 금융 자유화를 통해 월스트리트 중심의 금융경제모델로 세계 경제를 주도하였다.

냉전이 승리로 끝나자 미국은 신자유주의적 세계화를 적극 추진하였다. 이는 구체적으로 미국적 삶의 가치를 재현하는 이른바 "워싱턴 컨센서스Washington Consensus"란 미국식 발전모델을 전세계에 전파하는 것이었고, 그 지원 수단으로 IMF와 WB를 활용하였다. IMF는 자본통제 조항을 수정하여 국제적으로 자본 자유화를 통한 경제성장 노선을 지지, 확산하였다. 무역면에서는 1995년 WTO를 설립하였고 중국의 가입을 인정하였다. 안보면에서는 나토의 동유럽 확대를 추진하였다. 미국은 이러한 확대전략이 자국뿐 아니라 지구촌 전체에 유익한 것으로, 그리고 자국 모델과 정책이 이들에게 환영받는 것으로 판단하였다. 지구촌의 수용은 미국의 군사력과 경제력에 압도된 것이라기보다 미국을 동경하고 모방하려는 힘(즉, 소프트파워soft power)이 작동한 것으로 본 것이다.

그러나 21세기 들면서 공고한 듯 보였던 미국 패권은 2001년 발발한 테러와의 전쟁이 교착 상태에 빠지고, 2008년 월스트리트 발 금융위기로 경제적 타격을 받으면서 본격적으로 쇠퇴의 길을 걷게 된다. 자유주의 국제질서에 편입된 중국이 경제성장을 거듭하는 반면 미국의 국력이 상대적으로 약화되자 기성 질서에 대한 주요 세력간 합의도 서서히 동요하게 된다. 도전국의 대표로 중국은 기성 경제질서의 최대의 수혜자로 경제적 부상을 거듭하여 2008년 세계 금융위기 처리과정에서는 미국과 어깨를 나란히 하는 이른바 G-2로서의 국제적 지위를 획득하였다. 중국은 IMF와 WB 등 주요 국제기구에서 기성 거버넌스 구조에 불만을 표하고 자국의 경제적 영향력에 걸맞는 국제적 지위를 요구하는 한편, 아태지역의 안보질서 즉, 미국 중심의 양자동맹 네트워크를 비판하고 남중국해와 동중국해에서 자국의 영향권을 확대하였다.

이러한 기성 질서에 대한 도전에 패권국도 가세했다. 미국 스스로 기성 질서에 대한 불만을 표출하기 시작한 것이다. 이는 미국이 과대팽창overextension하였다는 인식에서 비롯된다. 과거 국력의 전성기 시절

맺은 대외 개입과 약속commitment은 더 이상 지킬 필요가 없다는 것이다. 냉전 종식과 함께 소련이 해체되고 유럽이 경제적으로 부유한 국가가 되자 미국은 이들에 대한 안보 공약을 수정하고자 하였다. 세계 제2의 경제대국으로서 미국을 위협할 위치에 오른 일본에 대한 안보 공약 역시 검토의 대상이 되어, 일본이 경제력에 걸맞는 안보 비용을 분담해야 한다고 압력을 가했다. 신흥경제권으로 부상한 한국에 대한 안보 공약 역시 같은 처지가 되었다.

미국 여론은 전반적으로 자국의 대외 개입에 회의적 태도를 보이고 있다. 예컨대, 우크라이나 전쟁 개입에 대한 부정적 시각은 우크라이나에 대한 군사적·재정적 지원의 축소로 이어질 가능성을 예고하고 있다. 이런 고립주의적 변화는 동맹국들로 하여금 미국의 신뢰도를 재검토하게 만들며, 장기적으로는 동맹 체제의 약화를 초래할 위험이 크다.

트럼프의 등장과 재등장은 패권의 쇠퇴에 따른 정치적 결과라 할 수 있다. 미국은 국력의 상대적 쇠퇴에 따라 더 이상 단극 패권으로서 국제 공공재를 제공하지 않으려 한다. 이는 공화당 내 기존의 보수적 개입주의에서 보수적 민족주의conservative nationalism로의 전환으로 이해할 수 있다(Dueck 2021). 제6장에서 보듯이 트럼프의 외교정책은 국제주의적 경향 즉, 국제기구 혹은 지구 거버넌스에 적극적인 참여를 거부하고 대신 국가주권을 강조하며 미국의 물질적 이익을 최우선시한다. 그러나 이런 경향이 고립주의를 의미하는 것은 아니다. 미국은 공공재 제공이란 패권적 책무를 경감하고 동맹국으로부터 지원과 보조를 요구하는 한편 여전히 패권적 지위가 부여하는 여러 특권을 누리고자 한다. 따라서 동맹국의 안보 편승을 방지하는 한편 연루를 회피하는 등 선택적 개입을 추진하는 것으로 이해할 수 있다. 또한 중국을 미국의 최우선적 위협으로 설정하여 중국에 대한 우세 primacy를 확보하기 위해 군사적, 경제적, 기술적 역량 신장에 주력하고 이런 차원에서 동맹국의 협력을 요구하고 있다.

과대팽창한 미국의 국제개입을 억제, 축소해야 한다는 주장은 경제 면에서 보다 적극적으로 분출되었다. 경제 공공재 제공에 대한 회의적 입장이라 할 수 있다. 냉전 종식 이래 적극적으로 추진한 신자유주의적 세계화가 국내적으로 소득격차를 확대하고 산업공동화를 초래하여 지역 공동체의 쇠락을 가져왔다는 인식이 강해지면서 미국은 신자유주의 추진체인 다자국제기구에 대한 개입을 축소하고 자유무역을 위한 무역협정에도 수정을 가하고자 하였다. 자유무역이 아닌 공정무역을 주장하면서 공평한 제도틀(운동장)의 조성 즉, 공공재 차원보다는 거래에 따른 상호적 결과에 더 민감한 태도를 보이고 있다. 제5장에서 보듯이 트럼프는 강렬한 민족주의적 색채를 띤 관세 정책을 통해 자국 산업 보호 뿐만 아니라 제조업의 부활을 모색하고 있다. 이에 따른 자유주의 국제경제질서의 혼란, 자유무역체제의 붕괴를 막는 국제 공공재 제공 노력에는 관심을 기울이지 않고 있다. 또한 자유주의 경제질서에 따른 경제적 상호의존의 심화가 중국에 유리한 결과를 가져왔다는 판단하에 점증하는 중국의 경제적 영향력을 억제하는 경제안보적 규제 조치도 강하게 추진해 왔다. 이 역시 자유주의 국제경제질서를 교란하는 요인으로 작용하는 측면이 있다.

III. 트럼프의 부상과 변화하는 유권자 지형

트럼프의 백악관 복귀는 길게는 1980년부터, 짧게는 1992년부터 진행되어온 자유주의 경제정책의 종말을 의미한다. 경제활동에 대한 정부의 개입을 줄이고 감세를 통해 투자를 촉진하여 부의 창출과 분배라는 두 마리 토끼를 잡겠다는 자유주의적 경제정책은 냉전의 종식으로 시장이 확대됨에 따라 다자주의적 자유무역의 확장과 맞물려 지속적으로 진행되어왔다. 1993년에 들어선 클린턴Bill Clinton 행정부도 전통적인 민주당의 정책 노선에서 벗어나 자유주의 경제정책을 수용하였고, 이러한 정책 기조는 오바마Barack Obama 행정부에서도 계속된다. 그런데 자유주의 경제정책이 주장하던 낙수효과trickle-down effects는 실제로 일어나지 않았고, 대신 노동력이 풍부하고 싼 외국에 일자리를 빼앗긴 미국 유권자들의 사회경제적 지위가 낮아지면서 극심한 경제 불평등 현상이 나타났다. 한때 미국 사회의 주류였으나 지금은 중산층의 삶을 더 이상 누리지 못하는 '시골에 사는 고졸 백인 기독교 신자 남성'의 표심을 파고든 정치인이 바로 트럼프다.

바이든 대통령은 클린턴-오바마로 이어진 자유주의 경제정책에 기반한 민주당의 색을 바꾸려고 노력했다. 바이든 대통령은 그 어떤 대통령보다도 친노조적 행보를 보인 대통령이었고, 이는 트럼프가 2016

년 선거에서 가져간 쇠락한 중공업지대인 미시간Michigan, 위스콘신Wisconsin, 펜실베이니아Pennsylvania를 2020년에 회복한 자신감에 기반한 것이었다. 실제 바이든 행정부에서 집행된 일부 정책들의 내용을 보면 트럼프 1기 때 고안된 정책과 다르지 않을 뿐 아니라, 심지어 더 정교하다고 평가한 사람들이 많다. 예를 들어 무역 관련 미국의 대중국 정책을 보면 관세에만 의존한 트럼프 1기 때와 달리, 바이든 행정부는 관세, 수출통제, 보조금 지급 등과 같은 다양한 도구를 사용하여 중국을 견제한 바 있다.

바이든 행정부는 임기 초반 인플레이션 감축법Inflation Reduction Act: IRA과 반도체 육성법CHIPS and Science Act을 비롯한 총 여섯 가지 입법에 성공한다. 성과가 있었던 첫 2년은 제117대 의회(2021-2022)의 연방상하원 다수당이 민주당이었기에 입법에 유리한 환경이었다. 하지만 118대 의회(2023-2024)에서는 하원 다수당이 공화당이었기 때문에 더 이상의 의미 있는 입법 성과를 쌓을 수 없었다. 여섯 개의 법을 통해 바이든 대통령이 선거운동 기간부터 내세운 공약 중에서 보건, 보육, 교육 관련된 공약을 제외하고는 거의 모두 이행되었다. 특히 환경, 에너지, 인프라 관련 공약은 거의 다 지켰음을 확인할 수 있다. 보건, 보육, 교육 관련 공약들은 의회의 지지를 받지 못해 행정명령(예를 들어 대학 융자금 탕감 정책)을 통해 실현시키려고 했지만 연방사법부에 의해 좌초되었다. 아마 바이든이 재선에 성공했다면 (혹은 해리스Kamala Harris가 당선되었다면) 정책 우선순위의 상위권에 보건, 보육, 교육이 포진되어 있었을 것이다.

이런 식으로 중산층 유권자들에게 호소하려는 바이든 행정부의 노력은 결국 선거 패배로 물거품이 되었다. 중산층 및 노동자를 위한 정책을 그 누구보다도 강하게 전개했지만, 유권자들에게 효과적으로 전달되지 않았던 것이다. 여기서 관심 갖고 봐야 될 지점은 2028년 민주당이 과거 클린턴-오바마의 정책 기조로 회귀할 것인지, 아니면 바이든이 바꿔 놓은 정책 기조를 이어나갈 것인지 여부다. 당연히 선거 공학적으로 보면 후자를 선택해야 하는 것이 맞다. 하지만 미국 정치권에 '큰 손'들의 영향력이 여전히 강한 현실을 고려하면 기업 친화적인 정책들이 전면에 나올 가능성을 배제할 수 없다.

역설적으로 트럼프의 정책 기조는 미국 내 경제 기득권자들의 이익 보호에 충실하다는 점도 기억해야 한다. 트럼프 1기 때 남긴 국내 정치 유산은 감세다. 이 감세 정책은 놀랍지 않게 미국 내 기업과 부유층에게 도움이 가도록 디자인되었다. 트럼프 2기에도 감세 정책은 지속될 것이다. 이에 더해 미국으로 들어오는 수입품에 대해 관세를 부과한다는 공약이 시행된다면 물가 상승의 압박은 더해질 것이다. 결국 트럼프는 관세를 부과하여 자국 시장을 보호하고, 그 과정에서 오른 물가 문제를 감세를 통해 일반 유권자들의 가처분소득을 늘려서 해결하겠다는 것 같은데, 이것이 실제로 트럼프를 지지한 서민 유권자들에게 이익이 될 것인지에 대해서는 대부분의 경제학자들이 회의적인 입장을 취하고 있는 상황이다. 트럼프의 정책이 지지자들에게 실질적인 이익을 안겨주지 않을 수 있다는 사실을 언제, 어떻게 깨

닿는지 여부, 그리고 트럼프의 정책이 공약과 다른 방향으로 변화할 것인지 여부가 향후 관전 거리 중 하나다.

IV. 이 책의 구성

이 책은 다음과 같이 구성되었다. 제1장은 이번 미국 대선 결과를 분석한다. 서정건 교수는 미국의 인구변화를 통해 지지도 변화를 추적하고 있다. 라티노Hispanic 인구의 비중이 높은 지역을 중심으로 트럼프 후보가 해리스 후보를 앞서, 소수 인종이나 청년, 여성 등에 의존하는 정체성identity 선거 방식을 활용해 왔던 민주당에 충격을 주었음을 지적한다. 이번 대선에서 트럼프 후보가 과반을 넘는 라티노 남성의 지지 및 흑인 남성 유권자들의 지지 상승을 거둔 것에 대해 섣부른 판정은 곤란하지만, 트럼프 당선을 통해 만들어진 이른바 "트럼프 연합Trump Coalition" 즉, 젠더gender와 인종race 간의 새로운 결합 양상은 향후 미국정치에 중요한 변화로 작용할 것으로 필자는 전망하고 있다.

제2장에서 하상응 교수는 2024년 대선 이후 미국 민주당이 처한 현실과 미래의 모습을 그려본다. 2024년 미국 대통령 선거에서 트럼프가 백악관 귀환에 성공한 주요 원인으로 인플레이션, 불법 이민 문제, 그리고 민주당 후보 카말라 해리스의 취약했던 선거운동 전략을 지목한다. 바이든 행정부가 시행한 여러 정책에도 불구하고, 물가 상승과 불법 이민자 급증은 유권자들에게 큰 불만을 샀고, 트럼프는 이를 선거 운동의 주요 의제로 삼아 유리한 위치를 차지했다. 해리스는 임신중

절 문제와 민주주의의 위기 담론을 선거의 핵심 의제로 삼았지만, 효과적인 메시지가 되지 못했다. 트럼프의 승리는 고졸 백인 유권자들, 특히 경제적 문제보다 문화적 이슈에 민감한 계층의 지지에 힘입은 결과로도 볼 수 있다. 이에 민주당과 공화당은 각각 '대졸/고소득자 정당'과 '고졸/저소득자 정당'으로 구분되는 상황을 맞이했다. 하지만 이번 선거에서 나타난 유권자 지형 변화는 아직까진 일시적인 변화로 봐야 한다, 유권자와 정당의 재정렬realignment을 논의하기에는 아직 이르다. 민주당이 앞으로 과거처럼 노동자와 소수자의 이익을 보호하는 정당으로 거듭날 것인지, 고학력층에 호소하는 클린턴-오바마 식 신자유주의 정책을 다시 품는 정당이 될 것인지, 이 두 지향점을 모두 아우르는 정당이 될 것인지가 관전거리다.

제3장은 공화당의 미래를 전망한다. 차태서 교수는 미국 내 탈자유주의 우파의 부상을 조명하며, 공화당의 이념적 전환이 미국 정체성과 국내정치에 미치는 함의를 분석한다. 트럼프 주도의 MAGA 운동 이후 공화당 내에서는 탈자유주의적 이념이 강화되어 왔으며, 특히 JD 밴스James David Vance와 패트릭 드닌Patrick J. Deneen 같은 이데올로그들이 반자유주의적 민족주의와 사회보수주의에 기반한 "체제 전환"을 주창하는 핵심 인물로 부상하였다. 이들은 경제적 탈자유화와 전통적 가족 가치 강화, 반이민 정책 등을 통해 미국의 정체성을 가부장적인 백인기독교 국가로 재구성하려 한다. 이러한 변화는 미국내 이념지형의 변동 차원을 넘어 미국 정치 전반의 향방에도 중대한 영향을 미칠 것으로 평가된다. 이에 본 연구는 먼저 (포스트-)트럼프 시대, 공화당의 탈자유

주의화를 주도해 온 신우파의 이념체계를 JD 밴스와 패트릭 드닌의 사상을 중심으로 분석한다. 이어서 반엘리트주의, 백인기독민족주의, 보수적 사회민주주의, 신가부장제와 같은 키워드들을 중심으로 이들이 만들어가려는 미래 미국의 모습을 구체적으로 살펴본다.

제4장은 미국의 정치경제 체제의 변화를 산업정책을 둘러싼 논쟁을 통해 분석하고 있다. 정영우 교수는 1980년대 레이건 정부가 주도하여 작은 정부, 감세, 탈규제, 자유화 등 이른바 신자유주의 혁명이 진행되는 시대임에도 불구하고 미국 제조업 부문의 국제 경쟁력 저하에 대한 논쟁을 검토한다. 미국 경제구조에 대한 시각과 구조적 문제점에 대한 대응, 기존 대응 방식의 한계, 산업정책의 필요성 등에 대한 다양한 논의는 향후 민주당의 정책 패키지 속에 다양한 형태로 연결되었다. 필자는 이러한 정책 배경 속에서 트럼프-바이든-다시 트럼프 행정부의 흐름 속에서 어떠한 유형의 산업정책이 미국정치에 등장할 것인지를 분석한다. 트럼프의 대중국 무역전쟁과 보호무역주의가 어떻게 바이든 정부의 반도체와 과학법, 그리고 IRA로 이어졌는지를 설명한다. 또한 2024년 대선 이후 미국 산업정책의 향방은 어떠할지를 루비오Marco Rubio 상원의원의 리포트를 중심으로 평가한다.

제5장은 2024년 미국 대선 이후 미국의 통상정책을 전망한다. 역사적 맥락에서 보호주의 통상정책이 회귀하게 된 원인을 분석하고, 이를 바탕으로 트럼프 2기 행정부의 통상정책에 대한 단기 전망과 미국 보호주의에 대한 장기 전망을 내린다. 양준석 교수는 트럼프 1기 행정부 때부터 재림한 보호주의 통상정책은 자유 무역이 경제적 손실과 불안

을 야기한다는 대중 인식과 미중 경쟁 국면에서 중국의 부상을 억제하기 위하여 보호주의가 필요하다는 인식에 기인한다고 분석한다. 이러한 관점에 따라, 단기적으로 트럼프 2기 행정부는 2026년 중간선거를 전후로 관세 인상과 기존 무역협정 재협상 등 강력한 보호무역 조치를 실행할 것으로 전망하며, 다만 선거 시기에 맞춰 보호주의로 인한 미국의 국내 경제적 피해를 최소화, 이익집단의 지지 확보 등의 이유로 정책 강도를 조절할 것으로 전망한다. 장기적으로는 두 가지 구조적 요인으로 인해 보호무역 기조가 지속될 것으로 분석하고 있다. 첫째는 세계화와 자유무역에 대한 미국 유권자들의 부정적 인식이 쉽게 바뀌지 않을 것이라는 점이며, 둘째는 미중 전략 경쟁의 심화로 통상정책이 경제적 도구를 넘어 전략적 도구로 활용되는 추세라는 점이다. 이에 따라 한국과 같은 대외무역 의존도가 높은 국가들은 수출시장 다변화, 공급망 재편, 포괄적·점진적 환태평양경제동반자협정Comprehensive and Progressive Agreement for Trans-Pacific Partnership: CPTPP 등 경제협력체 가입을 통한 대응 전략 마련이 시급함을 지적하고 있다.

   제6장은 트럼프 2기 행정부의 외교정책을 다루고 있다. 권보람 박사는 미국 외교정책결정과정을 개인, 국가, 조직 차원에서 살펴보는 경우, 이질적인 동기를 갖는 행위자들이 공존하기 때문에 신정부의 대전략 아래 외교정책의 전반적 방향성은 수립되어도 추진 내용과 강도는 개별 혹은 연합하는 행위자들의 연합coalition과 능동성agency으로 인해 조정될 수 있음을 강조하고 있다. 트럼프 대통령이 2024년 대선에서 총 득표수와 선거인단의 과반 이상을 얻어 국민으로부터 강한 권한을

부여 받았다고 자평하고 있기 때문에, 외교정책으로 미국 우선주의를 더욱 노골적으로 발산할 전망이다. 의회를 우회해서 본인 주도로 외교정책을 추진할 가능성이 높고, 입법보다 행정명령에 대한 높은 의존도를 보일 수 있다. "위대한 미국MAGA" 충성파들이 막강한 외교정책 결정 권한을 갖고 있는 대통령을 성공적으로 호위한다면 미국 예외주의 기조가 약화되고 미국 국력과 영향력에 결정적 변화를 가져올 수 있다. 다만 필자는 각료들의 실전 대응 능력과 의회와 관료제의 절차, 국가안보 전문가 집단의 영향력을 고려한다면 외교정책결정집단 내 다양한 행위자들의 상호작용을 통해서 최종 미국 외교정책 산물이 도출된다는 접근법을 가져야 함을 지적하고 있다.

결론에서 전재성 교수는 2024년 대선에서 트럼프의 승리를 미국정치의 새로운 선거연합 형성이란 장기적, 구조적 변화의 산물로 평가하는 한편, 거시경제변수의 중요성을 강조한다. 이어서 공화당과 민주당의 미래를 전망하면서, 공화당의 경우 탈자유주의 신우파의 부상에 따른 미국 정치의 급진적 변화를 추구할 가능성이 큰 반면, 민주당의 경우는 새로운 정체성과 정책방향, 선거연합을 모색하는 힘난한 시기가 도래할 것이라 전망한다. 필자는 향후 트럼프 정부의 대외경제정책과 외교안보정책의 특징을 분석한 후, 구체적으로 대중정책, 대북정책, 그리고 한미관계를 전망한다.

참고문헌

Dueck, Colin. 2021. *Age of Iron: On Conservative Nationalism*. Oxford: Oxford University Press.

Kennedy, Paul. 1986. *The Rise and Fall of Great Powers*. NY: Random House.

Kupchan, Charles. 2014. "Unpacking Hegemony: The Social Foundations of Hierarchical Order." In *Power, Order, and Change in World Politics*. ed. G. John Ikenberry. 19-60. Cambridge: Cambridge University Press

1

2024년 미국 대통령 선거와 양극화 정치

서정건 | 경희대학교

I. 2024년 미국 대선 분석 및 국내 정치 전망

2024년 11월 5일에 치러진 선거는 여러 차원에서 예상을 뛰어넘었다. 한 마디로 일찍 개표 결과가 완료된 트럼프Donald J. Trump의 완승이었다. 7개의 경합주를 모두 휩쓴 이번 선거 결과는 2016년 아웃사이더 트럼프가 처음 등장해서 여론 조사 예측과 달리 힐러리Hillary Clinton 후보에게 낙승했던 시기 와도 비교할 만하다. 더구나 팬데믹 이후 사전 투표early voting가 활성화된 미국 대통령 선거에서 7개의 경합주들 중 개표 완료에 상당한 시간이 걸릴 것으로 예상되는 주들이 꽤 있었다. 지난 2020년 대선 당시에는 화요일 선거의 최종 결과가 토요일에 나올 정도였다. 하지만 올해 대선 결과는 예측과 빗나갈 정도의 속전속

결이었다. 특히 위스콘신Wisconsin과 펜실베이니아Pennsylvania 주가 대선 이전에 선거법을 개정해서 소위 밤샘 개표를 가능하도록 한 점이 이유 중 하나였던 것으로 보인다. 대선 기간 내내 박빙의 여론 조사 결과를 보여 왔고, 대선 결과 판정에 적어도 며칠은 걸릴 것이라던 많은 선거 전문가들의 전망이 모두 맞지 않는 선거 및 개표 결과였다.

트럼프 후보의 완승으로 끝이 난 이번 선거에서는 공화당 후보가 7개 경합주를 모두 석권했을 뿐만 아니라 2004년 대선 이후 최초로 총 득표수에서도 민주당 후보를 앞선 결과가 나왔다(그림 1 참조). 이는 2001년 9.11 테러 이후 처음으로 치러진 대통령 선거에서 현직인 부시George W. Bush 대통령이 민주당 후보인 케리John Kerry 상원 의원을 선거인단과 총득표 모두에서 이겼던 상황 이후 처음이다. 일각에는 선거에서 낙승한 차원을 넘어서서 공화당이 소위 "트럼프 연합Trump Coalition"을 형성했다는 평가까지 존재한다. 뉴욕 타임스The New York Times가 행한 투표 분석 중, 특이한 점은 거주지, 교육 수준, 인종 구성, 연령 등 다양한 차원에서 트럼프 지지도가 이전 대선보다 높아졌다는 사실이다(그림 2 참조). 백인 구성이 절반 미만인 290개 카운티county들에서는 지지율이 7퍼센트 포인트 올랐으며 흑인 유권자들이 거주하는 지역에서도 트럼프의 선전이 두드러진다. 특히 흑인 남성 득표가 차이를 만들어 낸 것으로 보인다. 또한 이번 선거에서 투표한 유권자들 중 71퍼센트가 백인 유권자였는데, 이는 지난 1992년 미국 대선 이후 가장 높은 비율이었다. 사실 가장 커다란 지지율 변화는 라티노Hispanic 인구가 1/4 이상을 차지하는 지역들에서 일어났다고 볼 수 있다. 2020년 대선에서도 트럼프 대통령은 라티노 지지를 확보했었는데, 이번에는 9퍼센트 포인트를 상회하는 지지율 증가를 기록한 셈이다. 이는 소수 인종이나 청년, 여성 등에 의존하는 정체성identity 선거 방식을 활용해 왔던 민주당에게 중요한 시사점을 던져주는 지점이다. 심지어 트럼프 등장 이후 오히려 민주당으로 지지가 편향되어 왔다고 알려졌던 대학 재학 이상의 고학력 유권자 그룹 역시 이번 대선에서 트럼프 지지를 더욱 증가시킨 것으로 확인된다.

<그림 1> 대선 총 득표수 비교

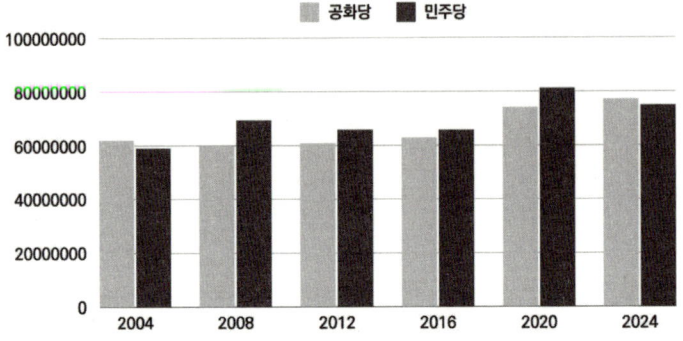

출처: www.270towin.com 데이터를 기초로 저자가 재구성

<그림 2> 대선 지지율 변화 비교

카운티 유형	카운티 수	2020 변동	2024 변동
트럼프가 20PTS 초과 차이로 승리한 카운티(2020)	1,932	→ 1.2PTS	→ 2.8PTS
바이든이 20PTS 초과 차이로 승리한 카운티(2020)	148	→ 4.0PTS	→ 3.9PTS
도시(URBAN)	85	→ 2.7PTS	→ 5.2PTS
교외(SUBURBAN)	460	→ 3.9PTS	→ 4.3PTS
백인 비율 90% 초과	834	→ 0.2PTS	→ 2.5PTS
백인 비율 50% 미만	290	→ 0.2PTS	→ 6.9PTS
흑인 비율 25% 초과	347	→ 2.5PTS	→ 4.1PTS
히스패닉 비율 25% 초과	228	→ 0.9PTS	→ 9.5PTS
대학 졸업자 비율 50% 초과	43	→ 6.1PTS	→ 4.0PTS
대학 졸업자 비율 20% 미만	1,266	→ 2.5PTS	→ 4.8PTS
65세+ 비율이 높은 카운티	302	→ 1.6PTS	→ 4.9PTS
18-34세 비율이 높은 카운티	90	→ 3.9PTS	→ 5.6PTS

출처: The New York Times, Nov 6, 2024

이번 2024년 미국 대선의 트럼프 승리를 과대평가해서는 안 된다는 주장과 지표 또한 존재한다. 우선 총 득표에서 트럼프가 앞선 것은 맞지만, 해리스Kamala Harris와의 차이가 11월 21일 기준 1.6퍼센트 포인트에 불과하며 개표가 완전히 종결되면 더 줄어들 수도 있다는 전망이었다. 또한 늘 그렇듯이 미국 대선은 50개 주 중 불과 몇 개의 경합주에 의해 그 결과가 좌지우지 되는데, 이번에도 미시건Michigan, 위스콘신, 펜실베니아 세 곳에서의 23만 5천명 차이로 승패가 갈렸다는 분석이 있다. 보통 대통령 선거의 완승은 의회 선거 관련 "후광 효과coattail effects"로도 증명이 되나 이번 선거는 그렇게 보기 어려운 측면이 있다(Edwards III 1979; 서정건 2021). 다시 말해, 이번 연방 상원 선거의 경합주였던 애리조나Arizona, 네바다Nevada, 미시건, 위스콘신, 펜실베니아 중 4곳에서 민주당이 의석을 지켰고, 펜실베니아 한 곳에서만 공화당에게 패배했다. 펜실베니아 선거조차도 현역 상원 의원이 선거 후 거의 20일만에 패배를 시인할 정도로 초박빙 승부였다. 따지고 보면 이번 선거를 통해 공화당이 새 상원의 다수당이 된 이유는 몬태나Montana, 오하이오Ohio, 그리고 웨스트 버지니아West Virginia 등 공화당 초강세 지역에서 상원 선거를 이겼기 때문이기도 하다. 하원 선거 역시 상황은 비슷하다. 민주당은 이번 선거에서 새로 한 석을 추가했으며 결국 내년 1월 3일에 개원하는 119대 하원에서 의석 분포는 공화당 220명, 민주당 215명으로, 역대급의 작은 의석 수 차이를 기록할 전망이다.

한편 내년 1월 3일에 개원하는 새 연방 상원에서 공화당이 53석을 확보했다는 것의 가장 중요한 의미는 과반을 넘는 의석을 확보함으로써 트럼프 입법 사안 중 예산 조정 절차budget reconciliation에 태울 수 있는 법안들의 통과 가능성이 올라갔다는 점이다. 트럼프 시대와 바이든 시대 들어 가장 중요한 두 개의 법안, 즉 2017년 트럼프 세금 인하법Tax Cuts and Jobs Act of 2017과 2022년 바이든 인플레이션 감축법 Inflation Reduction Act of 2022 모두가 상원에서 필리버스터 규칙의 적용 없이 단순 과반으로 통과되었음을 기억해야 한다(서정건 2023). 한편 지난 11월 13일 공화당 상원에서는 당선자까지 포함한 총 53명이 참여하여 새 원내 대표를 선출하는 표결이 있었다(그림 3 참조). 선거 직전까지 숀 해너티Sean Hannity, 터커 칼슨Tucker Carlson, 일론 머스크Elon Musk 등 트럼프의 최측근들이 대대적으로 나서서 스콧Rick Scott, R-FL 상원 의원을 지지하고 툰John Thune, R-SD 의원을 저지하려고 하였다. 하지만 트럼프는 막판까지 누구에게도 공개적인 지지 의사를 표명하지 않았고 결국 2차 투표에 가서 툰 의원이 코닌John Cornyn, R-TX 의원을 물리치고 새 상원의 공화당 원내대표로 등극하는데 성공하였다. 사실 툰 의원이나 코닌 의원은 모두 전통파 상원의원으로 분류된다. 이들의 합산 표는 40명으로, 스콧 의원이 얻은 13명보다 월등히 많다는 점을 주목할 필요가 있다. 다만 툰 의원의 경우, 트럼프와 대립하는 유형이라기보다는 조용히 상원을 운영하면서 사안별로 트럼프와 공화당 온건파 사이에서 균형을 취하려는 성향을 갖고 있다. 예컨대 트럼프가 요구하는 휴회 중 장관 임명recess confirmation 같은 변칙적인 의회-행정부 관계 변화에 대해서도 다소 순응적인 태도를 보이고 있다. 그럼에도 불구하고 적어도 스콧 의원처럼 상원 의회 규칙관을 교체하거나 필리버스터를 없앤다는 등의 과격한 상원 변화를 추진하지 않을 것은 분명해 보인다. 예를 들어 트럼프가 공언한대로 난민 신청을 엄격하게 만든 강경 이민법안의 경우, 상원 규칙관에 의해 필리버스터 적용 법안이 되므로 이는 의회를 통과하기 어렵게 된다(손병권 2021).

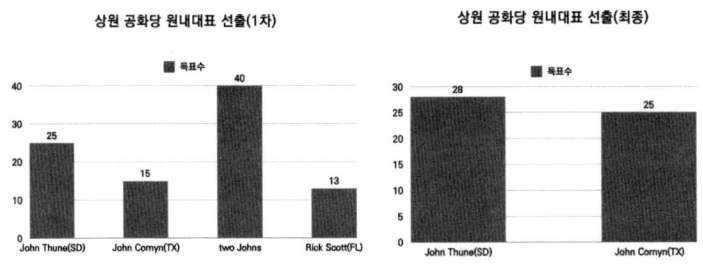

<그림 3> 119대 상원 공화당 원내 대표 당내 선거

출처: The Hill 데이터를 기초로 저자가 재구성

하원의 경우 마이크 존슨Mike Johnson 현 하원 의장이 지난 13일 공화당 내부 선거에서 경쟁자 없이 차기 하원 의장 후보로 선출되었다. 트럼프는 당선자 신분으로 하원 공화당 의원들을 만나서 존슨 의장에 대한 전폭적인 지지를 공언하였고, 존슨 의장은 트럼프를 두고 "돌아온 왕comeback king"이라고 부르기도 했다. 하원 공화당의 비공개 회의에서 구두 표결voice vote을 통해 공화당 하원 의장 후보 자리를 차지한 존슨에 대한 진정한 도전은 내년 1월 3일 하원 의장 선출 과정이 될 것이다. 공화당 내부의 프리덤 코커스 등 강경파 의원들이 존슨 의원을 완전히 지지하는 것은 아니기 때문이다. 하지만 118대 하원 개원 당시처럼 하원 의장을 뽑지 못해 대혼란이 벌어진 상황이 재연될 가능성은 일단 낮아 보인다. 다만 사안에 따라 얼마든지 존슨 의장에 대한 반란표가 등장할 수 있다. 이 경우 트럼프 대통령 역시 2기 행정부에서 공화당 하원 강경파 의원들을 상대로 예상보다 영향력을 발휘하기 어려울 수도 있다.

II. 양극화 시대의 미국 대선과 정당 정치

이론적 차원에서 생각해 볼 때는 우선 1980년 레이건이 승리한 미국 대선과 이번 대선을 비교해 볼 수 있다. 무엇보다 이번 미국 대선에서 트럼프 승리에 가장 크게 기여한 요소라 볼 수 있는 인플레이션 상황이 유사하다. 미국 경제의 쇠락 및 2차 석유 파동 이후 역대 급으로 높아진 물가 수준 및 에너지 위기를 놓고 당시 민주당 대통령이었던 카터Jimmy Carter는 구체적인 정책이나 대국민 레토릭rhetoric 차원에서 모두 실패했다. 집안에 난방기를 끄고 옷을 두껍게 입으라는 대통령의 담화에 미국 국민들은 분노했고, 반대로 카터를 비롯한 모든 정치인에게는 물가를 잡을 수 있는 정책 처방이 없었다. 통상적으로 금리 인상을 통해 물가를 안정시키려고 하지만 높아진 카드 및 대출 이자를 물어야 하는 일반 서민들에게는 정치적으로 역효과만 불러일으키게 되어 있다. 흥미로운 점은 1980년 대선에서 카터가 레이건Ronald Reagan에게 패배한 이후 미국의 어떤 대선에서도 인플레이션이 가장 큰 선거 이슈가 된 적이 없었다는 사실이다. 다시 말해, 이번 대선에서 인플레이션이 미칠 정치적 파괴력에 대해, 지난 44년 동안 데이터에 근거한 분석과 전망이 거의 불가능했다는 얘기이다.

잘 알려진 대로 1980년 레이건 혁명Reagan Revolution의 또 다른 중요 차원은 1932년 루스벨트 당선 이후 건설된 뉴딜 연합New Deal Coalition의 시대를 마감했다는 점이다. 1800년 제퍼슨 당선Revolution of 1800 이후 100년도 훨씬 넘게 미국은 적극적 정부라는 개념을 알지 못했고, 인정하지 않았다. 대공황을 겪는 과정과 2차 대전을 주도하는 상황에서 루스벨트는 연방 정부가 국민들을 직접적으로 도울 수 있다는 정책과 메시지를 내놓게 된다. 이 과정에서 행정부와 대통령에 대한 국민들의 인식이 바뀌었고, 뉴딜 연합은 루스벨트의 4선 및 트루먼Harry S. Truman의 페어딜Fair Deal 정책으로 미국 정치의 새 판을 짜게 된다. 또한 뉴딜 연합의 공고함은 정책 차원에서 머무르지 않고 향후 선거 승리를 담보할 정체성 정치identity politics 구축 차원에서도 발견된다. 도시 거주민, 흑인 유권자, 유태계 미국인, 여성 및 청년층을 동원하여 만들어진 뉴딜 선거 연합은 이후 미국에서 대통령 선거 전략뿐만 아니라 의회 권력을 유지하는 데에 있어서도 민주당에게 사활적인 요소가 된다. 시간이 흐르면서 효율적인 관료제는 방만한 운영으로 비판받게 되었고, 지나친 정부 간섭으로 둔갑하면서 1980년 레이건 혁명을 통해 해결책이 아닌 문제점으로 치부되는 상황까지 이르게 된다. 이번 대선과 관련된 두 가지 사안을 생각해 볼 수 있다.

첫째, 정부효율성위원회Department of Government Efficiency: DOGE라 명명된 기관을 통해 트럼프가 연방 관료제 혁파를 제기하고 있다는 점이다. 이는 미국의 국가 성격을 둘러싼 오래된 논쟁과도 연결되는데, "약한 국가Weak State" 대 "강한 국가Strong State" 논쟁에 이어 소위 "깊숙한 국가Deep State" 개념이 부각되고 있는 중이다. 예의 공화당 정권에서 늘 있었던 문제 제기임에 틀림없을 뿐만 아니라 스코우로넥 등(Skowronek, Dearborn, and King 2021)의 지적대로 모든 대통령들은 자신의 행정부를 새로 만들고 싶어 한다. 그런데 1기 행정부 당시의 경험을 토대로 2기 행정부의 최대 개혁 안건을 들고 나온 트럼프의 향후 행보는 의미심장하다. 1기 행정부 당시 절반을 채우지 못한 인사조직 및 기존 제도권 인사들에 의해 자신의 통치가 방해 받았다고 굳게 믿는 트럼프는 선거 기간 동안에도 집권하면 척결할 대상으로 "깊숙한 국가, 전쟁주의자들warmonger, 그리고 세계주의자들globalists"을 꼽은 적이 있을 정도이다. 연방 행정부 개혁 문제는 의회의 권한 이양delegation과 행정부의 재량 권한, 공무원의 중립성 의무 및 보호와 민주적 책임성, 그리고 기관 쟁의를 둘러싼 사법부의 판결 및 주장 등 가히 미국 정치의 전체를 아우르는 중대한 문제가 아닐 수 없다(Crouch, Rozell, and Sollenberger 2020). "깊숙한 국가" 논쟁은 단일 행정부 이론unitary executive theory과 더불어 향후에도 미국 정치학의 주요 관심사가 될 전망이다. 여기에 머스크와 라마스와미Vivek Ramaswamy 같은 트럼프 못지 않게 예측 불허의 인사들이 위원회DOGE를 주도한다는 점이 특이하다. 이미 월스트리트 저널The Wall Street Journal 기고를 통해 규제혁파, 인원 감축, 비용 절감 등의 입장을 밝힌 두 공동 위원장의 향후 행보가 집요할 것으로 예측된다.

둘째, 1980년 레이건의 승리가 뉴딜 연합의 한 축인 적극적 정부 개념을 공략함으로써 미국 정치를 다시 작은 정부 시대로 되돌려 놓았다면, 올해 미국 대선에서 트럼프 후보의 승리는 뉴딜 연합의 또 다른 축인 정체성 정치를 흔들어 놓았다는 점이 흥미롭다(서정건 2019). 사실 1980년과 1984년의 공화당 압승 이후에도 정체성 전략은 2008년 오바마 대선에 이르기까지 그 명맥을 공고하게 유지해 왔다. 소수 인종 및 여성, 청년 표심은 기본적으로 70 대 30 비율 이상으로 민주당에게 쏠렸고, 민주당의 정당 기반이 되어 왔다. 다만 슈머Chuck Schumer로 상징되는 민주당과 월스트리트의 결탁, 노조와의 약해진 유대감, 기후 위기를 둘러싼 엘리티즘elitism의 가능성 등은 2008년 흑인 대통령 등장과 2016년 아웃사이더 트럼프 등장 이후 백인 노동자 유권자들의 공화당 흡수를 촉발시켰다. 물론 이번 대선에서 트럼프 후보가 과반을 넘는 라티노 남성의 지지 및 흑인 남성 유권자들의 지지 상승을 거둔 것에 대해 섣부른 예단은 어렵다. 민주당 후보가 흑인 여성이었고 불법 이민 문제가 첨예한 상황에서 라티노 남성 유권자들의 표심 변화를 항구적인 것으로 판단하기는 쉽지 않다. 그럼에도 불구하고 이번에 트럼프 당선을 통해 만들어진 젠더gender와 인종race 간의 결합 문제는 향후 미국 정치에 중요한 시사점을 제공할 것으로 보인다.

 2024년 미국 대선이 향후에 중대 선거critical election라고 구분될 수 있을지를 전망하기에는 당연히 아직 이른 시점이다. 미국의 역사상, 학자들 간에 합의를 이룬 중대 선거들로는 대체로 평균 약 40년을 주기로 다음의 대통령 선거들을 생각해 볼 수 있다. 연방 정부가 아닌 주 정부 중심으로의 미국 정치 회귀와 지속을 확정 지었던 1800년 제퍼슨 Thomas Jefferson 선거, 엘리트가 아닌 대중 중심의 정치와 선거 시스템을 새로 구축한 1828년 잭슨Andrew Jackson 선거, 공화당을 창당하여 향후 남북전쟁이라는 전대미문의 내전을 촉발하고 노예제 폐지 및 공화당 일당 체제를 만들어낸 1860년 링컨Abraham Lincoln 선거, 포퓰리즘을 저지하고 산업 및 금본위제를 중심으로 한 국가 발전 방향을 정립했던 1896년 맥킨리William McKinley 선거, 적극적 정부 개념을 사상 최초로 도입하여 미국의 정부와 시장, 권력과 국민 간의 관계를 완전히 뒤바꾸어 놓은 1932년 루스벨트Franklin D. Roosevelt 선거, 그리고 뉴딜 연합을 혁파하면서 세금 인하 및 강한 국방이라는 정통 보수 이념의 작은 정부 시대를 개척한 1980년 레이건 선거 등이 중대 선거로 알려져 있다. 2024년 미국 대선이 시기적으로 보면 1984년 레이건의 압승 재선에 이어 40년 만에 치러진 선거임에 틀림없다. 앞서 지적한대로 레이건 대선이 작은 정부 회귀라는 이념적 차원에서의 중대 선거였다면, 이번 트럼프 선거가 정체성 정치의 약화라는 현실적 차원에서의 중대 선거였는지에 대해서는 앞으로 연구와 논의가 필요해 보인다. 마치 1860년 링컨 선거가 잭슨 민주당 시대로부터 공화당 전성시대로의 전환을 이루어 냈던 것에 비해 1896년 맥킨리 선거가 윌리엄 제닝스 브라이언William Jennings Bryan 주도 하의 민주당 포퓰리즘을 흔들어 놓았던 것과도 연결지어 생각해 볼 수 있다.

트럼프 시대를 전망해 보자면, 내년 119대 상원에서 트럼프 내각 인준 절차라든지 트럼프 세금 인하법 연장이나 인플레이션 감축법의 (축소)폐기 등 중요 법안들의 경우, 단순 과반, 즉 50명이 찬성하면 된다. 반대로 생각해 보면 트럼프 내각 인준을 좌초시키거나 단순 과반 법안을 부결시키기 위해서는 공화당 상원 의원 4명이 필요한 상황이다. 4명의 후보로는 소위 "C2M2" 의원들을 상정해 볼 수 있다. 콜린스Susan Collins, R-ME, 캐서디Bill Cassidy, R-LA, 맥코넬Mitch McConnell, R-KY, 머카우스키Lisa Murkowski, R-AK가 그들이다. 이 중 콜린스, 캐서디, 머카우스키 의원은 2021년 2월 트럼프 2차 탄핵 당시 찬성표를 던졌던 의원들이다. 맥코넬 의원은 2026년에 은퇴하는 전통파 의원으로서 트럼프와 종종 대립했던 적이 있다. 이 중 콜린스와 캐서디 의원은 2026년 선거에 나서야 하는데, 콜린스 의원이 대표하는 핵심 주는 해리스가 이겼던 주이다. 캐서디 의원이 대표하는 루이지애나Louisiana 주는 소위 정글 프라이머리jungle primary 시스템을 운영 중이라 캐서디 의원이 예비 선거에서 낙마할 일이 없으므로 트럼프의 압력이 덜한 곳이라고 볼 수 있다. 간단히 말해, 만일 이들 4명의 공화당 상원의원들이 단합하여 반대표를 던진다면 트럼프 어젠다에 영향을 미칠 수 있다.

다만 2026년 중간 선거에서 공화당은 20명의 현역 의석을, 민주당은 13명의 현역 의석을 지켜야 하지만 공화당 쪽에서 재선이 불확실한 의원은 콜린스와 틸리스Thom Tillis, R-NC 정도 밖에 없다. 이에 비해 민주당 쪽은 오소프Jon Ossoff, D-GA와 피터스Gary Peters, D-MI 등이 있기 때문에 트럼프 임기 4년 동안 적어도 연방 상원은 공화당 다수당 지위가 유지될 것으로 보인다.

III. 트럼프 2기 행정부 전망의 정치학

2024년 미국 대선의 의미를 제대로 이해하고 이에 따라 트럼프 2기 행정부를 전망하는 일에는 시간이 필요하며, 향후 이번 대통령 선거와 관련된 다양한 실증 자료들이 향후 더 많이 분석되어야 한다. 2024년 대선의 총 득표율조차도 현재 AP 통신AP News 전망과 쿡 리포트Cook Report 데이터가 다를 정도이다. 트럼프 2기 행정부 역시 아직 취임도 전에 무수한 논란을 낳고 있는 충성파 인선이 가져올 파장을 가늠하기 쉽지 않다. 트럼프 주도 하의 단점 정부unified government가 내년 1월에 시작되는 것은 분명하지만, 1기 행정부 당시에도 첫 2년간인 2017년과 2018년은 단점 정부 상황이었다. 당시에도 행정 명령 위주의 정치, 트위터를 통한 혼돈의 메시지 정치, 김정은 위원장과의 싱가포르 회담 등 탑 다운top-down 방식의 정치를 통해 미국 정치 시스템과 무관한 리더십을 보인 대통령이 트럼프였다. 오직 충성파들로 채워진 내각을 중심으로 4년이라는 짧은 기간을 종횡 무진할 트럼프에 대해 예측하는 것은 어렵다. 그럼에도 불구하고 트럼프 2기 전망을 위해서는 체계적인 접근이 필요하다.

첫째, 트럼프의 정책 우선순위에 대한 분석과 전망이 중요하다. 이는 수정헌법 22조에 의해 2028년 대선에 나설 수 없는 4년 임기의 트럼프 대통령 시대와 직결되어 있다. 일반적인 예측으로는 이민 문제가 1순위가 될 것으로 보인다. 이미 이민 이슈를 다루기 위한 백악관 내 책임자czar도 임명해 둔 상태이고 자신의 최측근인 밀러Steve Miller 역시 주도권을 발휘하게 될 것으로 보인다. 우크라이나 전쟁 역시 우선순위이지만 이는 러시아의 푸틴과 우크라이나의 젤렌스키라는 또 다른 주요 행위자들의 전쟁 관련 선택들이 기다리고 있으므로 시간을 요한다고 볼 수 있다. 중국과의 통상 문제 역시 정책 우선순위에 속한다. 관세를 최상의 정책 도구라고 믿는 트럼프가 이를 무기로 휘두를 나라가 중국이며, 대통령의 적극적인 정치적 리더십을 쉽게 보여줄 수 있는 대상이기도 하다. 이러한 점들은 북한 문제가 우선순위가 아닐 수 있다는 현실을 시사한다. 더구나 북한 문제가 트럼프 정책으로 연결되려면 미국정치화Americanization 절차가 필요한데, 지난 번 북미정상회담 이후 이 과정이 얼마나 생략된 채 트럼프가 전격적으로 이슈화 할 수 있을지도 관전 포인트이다.

한편 또 다른 고려 사항은 일각의 분석과 달리 트럼프의 외교 정책 관련 권한이 레임덕lame-duck 현상과 큰 상관이 없다는 사실이다. 전통적으로 재선에 성공한 대통령에게 주어진 권력의 시간은 두 번째 임기 첫 해 정도로 알려져 있다. 두 번째 해에는 대통령 소속 정당이 고전하는 중간 선거가 정해져 있고, 3년 차부터는 모든 언론과 정당 내부 사정이 차기 대선 주자들에게 관심을 쏟기 때문이다. 여기서 유의할 점은 이러한 분석이 대통령의 의회 관련 국내 정치에 주로 국한된다는 사실이다. 부시George W. Bush 대통령이 재선 후 첫 해인 2005년에 사회보장제도social security 개혁과 관련하여 주식 시장을 이용한 일부 사립화 노력을 기울였지만 실패한 적이 있다. 이처럼 국내 정치 관련 재선 대통령의 권력에서는 주로 레임덕 현상이 비교적 속히 발생하는 경우가

많다. 하지만 오히려 외교 정책과 관련된 영역에서는 자신의 치적legacy
을 쌓기 위한 적극적인 행보를 일반적으로 보인다. 일례로 클린턴 대통
령의 대북 유화 정책이나 중국과의 자유 무역 정책 모두 재선된 임기
의 마지막 해에 이루어졌다. 따라서 이민 정책, 세금 정책, 연방 정부
개혁 등 우리에게 덜 중요한 미국 국내 이슈들은 중간 선거 이전에 단
점 정부 상황에서 트럼프가 밀어 붙일 가능성이 큰 데 비해, 안보와 통
상에 이르는 대외 정책은 트럼프 4년 내내 트럼프가 좌지우지할 것으
로 보는 편이 더 정확하다.

둘째, 트럼프의 정책 우선순위가 정해지면 이들이 행정 명령으로
집행 가능한 것들인지 아니면 의회의 승인 혹은 폐기가 수반되어야 하
는 것들인지 분석해 보아야 한다. 관세 부과의 경우에도 일반적으로 알
려진 것처럼 중국에 대한 60퍼센트 이상의 관세 정책은 행정 명령으
로 가능하다. 하지만 전 세계 모든 수입품들에 대한 10퍼센트 보편 관
세의 경우 절차상의 흠결을 이유로 진보 성향의 연방 판사federal judge
에 의한 집행 정치 가처분 신청 상황을 상정해 볼 수도 있다. 이민 정
책 관련해서도 불법 이민 추방 같은 과격한 정책은 행정부 주도 하에
행정 명령으로 가능하지만 사법부의 제동 역시 작동할 수 있다. 예컨
대 난민 지위 신청을 엄격하게 만드는 법안의 경우 상원의 필리버스터
적용 대상이기 때문에 입법이 쉽지 않을 수도 있다. 마찬가지로 우리에
게도 중요한 의미를 가진 반도체 과학법CHIPS and Science 역시 상원의 필
리버스터에 막혀서 폐기는 어려운 상황이다. 인플레이션 감축법의 경
우 단순 과반으로 폐기가 가능하지만 공화당 지역구에 집중된 혜택들

로 인해 정치적으로 복잡한 국면을 맞고 있다. 이처럼 트럼프의 정책들이 행정 명령 차원에서 진행될지 아니면 의회 및 사법부와 연결되는지를 둘러싸고 구체적인 정책의 성공 가능성이 결정될 수도 있다. 결론적으로 트럼프의 또 다른 4년이 미국 정치의 완벽한 변화transformation의 시기로 귀결될 것인지 아니면 4년을 건너뛰어 만들어진 또 다른 일탈 aberration 시대로 종결될 것인지 판단하기 위해서는 미국 정치의 모든 사례와 마찬가지로 앞으로 시간을 두고 판단해야 한다.

참고문헌

서정건. 2019. 『미국 정치가 국제 이슈를 만날 때: 정쟁은 외교 앞에서 사라지는가 아니면 시작하는가』. 서울: 서강학술총서.
_____. 2021. "미국 117대 의회 선거와 미국 정치 변화." 『의정연구』 27, 1: 197-204.
_____. 2023. "미국 국내 정치와 경제 안보: 미국은 중국을 '어떻게' 견제하는가?" 『국가전략』 29, 3: 5-31.
손병권. 2021. "미국 의회 예산조정절차의 정파적 성격과 활용에 대한 경험적 검토." 『한국정당학회보』 20, 4: 5-42.

Bloch, Matthew, Keith Collins, Robert Gebeloff, Marco Hernandez, Malika Khurana and Zach Levitt. 2024. "Election Results Show a Red Shift Across the U.S. in 2024." *The New York Times*, November 6. https://www.nytimes.com/interactive/2024/11/06/us/politics/presidential-election-2024-red-shift.html. (검색일: 2024.12.12.)
Conley, Patricia H. 2001. Presidential Mandates: How Elections Shape the National Agenda. Chicago: University of Chicago Press.
Edwards III, George C. 1979. "The Impact of Presidential Coattails on Outcomes of Congressional Elections," *American Politics Quarterly* 7, 1: 94-108.
Levitt, Zach, Keith Collins, Robert Gebeloff, Malika Khurana and Marco Hernandez. 2024. "See the Voting Groups That Swung to the Right in the 2024 Vote." *The New York Times*, November 8. https://www.nytimes.com/interactive/2024/11/06/us/elections/trump-america-red-shift-victory.html. (검색일: 2024.12.12.)

Skowronek, Stephen, John A. Dearborn, and Desmond King. 2021. *Phantoms of a Beleaguered Republic: The Deep State and the Unitary Executive*. Oxford: Oxford University Press; Jeffrey P. Crouch, Mark J. Rozell, and Mitchel A. Sollenberger. 2020. *The Unitary Executive Theory: A Danger to Constitutional Government*. University Press of Kansas.

270 To Win. 2024. "2024 Presidential Election Interactive Map." https://www.270towin.com/. (검색일: 2024.12.12.)

2

2024년 대통령 선거를 통해 본 미국 민주당의 미래

하상응 | 서강대학교

I. 트럼프의 귀환: 2024년 선거 결과 분석

2024년 미국 대통령 선거는 도널드 트럼프Donald Trump 전 대통령의 백악관 복귀로 마무리되었다. 트럼프는 일곱 개의 경합주 — 미시간Michigan, 위스콘신Wisconsin, 펜실베이니아Pennsylvania, 애리조나Arizona, 조지아Georgia, 네바다Nevada, 노스캐롤라이나North Carolina — 에서 모두 승리하며 예상보다 큰 차이로 승리를 거두었다. 특히 전국 단위 득표율에서 트럼프가 카말라 해리스Kamala Harris 민주당 후보를 앞선 사실은 중요한 의미를 갖는다. 2016년과 2020년 선거에서는 전국 득표율에서 밀렸던 트럼프가 세 번째 도전에서 승리한 것은 미국 정치의 구조적 변화와 유권자의 정치적 성향 변화가 반영된 결과로 해석될 수 있다. 본 장은 트럼프의 승리 원인을 분석하고, 2024년 선거에서 다루어진 주요 경제 및 사회 현안들, 그리고 유권자들의 투표행태를 검토한다. 이를 통해 이번 선거 결과가 미국 정치 지형에 미친 영향을 규명하고, 민주당이 2026년 중간선거 그리고 2028년 대선을 앞두고 고민해야 될 지점들을 짚어본다.

1. 트럼프 승리 원인: 인플레이션

2024년 바이든 행정부가 재선을 준비하고 있을 때만 해도 대통령 국정 운영 지지율이 높지 않음을 우려하는 목소리가 컸다. 바이든 행정부는 단점정부unified government였던 2021년~2022년(제117대 의회) 굵직한 법들을 연방의회에서 통과시켜 중산층과 서민을 위한 정책 수립에 성공한 바 있다. 구체적으로 코로나COVID-19로 피해를 본 서민을 위한 구제 금융법American Rescue Plan Act, 낙후된 인프라 개선을 위한 투자법 Infrastructure Investment and Jobs Act, 아프가니스탄·이라크 전쟁 참전 용사를 위한 보건법Honoring our PACT Act, 제한적이지만 총기 사용 규제를 강화하는 법Safer Communities Act, 반도체 생산 및 연구 육성을 목적으로 한 지원법The CHIPS and Science Act, 그리고 인플레이션 감축법Inflation Reduction Act이라는 이름의 친환경정책, 보건, 세제 관련법이 있었다. 이 중에서 반도체 지원법과 인플레이션 감축법은 미국 내 외국 투자를 적극적으로 유치하는 내용을 담고 있기 때문에 트럼프 1기 행정부의 '미국 우선주의America First' 정책과 일맥상통하는 동시에, 미국 정치에서 좀처럼 찾아보기 어려운 산업정책industrial policy의 일환으로 볼 수 있다.

그런데 이러한 구체적이면서도 실질적인 정책의 효과를 체감하기에는 미국 내 물가가 너무 올랐던 점이 문제였다. 미국 대통령 선거에서 물가 현안이 주목을 받은 경우는 1980년 이후 2024년이 처음이다. 1980년 당시 재선을 노리던 카터Jimmy Carter 대통령은 오일 쇼크, 물가 상승, 주 이란 미국 대사관 인질 사건 등으로 어려움을 겪어 레이건Ronald Reagan 후보에게 패배하였다. 레이건 행정부 이후 미국 국내 현안으로 인플레이션은 주목받지 못했다. 여러 가지 이유가 있지만 자유무역이 확산되는 세계화 과정에서 미국 내 인플레이션 유발 요인들이 해외로 나가는 현상 때문이라는 해석이 지배적이다. 그러다가 2016년 트럼프 대통령의 당선으로 관세를 올려 자유로운 물품의 이동을 제한하는 상황이 벌어지고, 2019년 말부터 시작된 코로나 팬데믹으로 공급망에 교란이 생겼는데, 트럼프 행정부 말기와 바이든 행정부 초기에 팬데믹으로 손해를 본 서민들을 구제하겠다는 목적으로 돈을 풀며 물가가 급속도로 상승한 것이다. 2022년 6월 물가상승률은 9.1%에 달했는데, 이는 카터 행정부 이후 가장 높은 수치다.

하지만 바이든 행정부 중반에 들어와서 물가상승률은 낮아진다. 2023년에 들어서는 물가상승률이 4% 미만으로 떨어졌다. 바이든 행정부가 유권자들에게 알리고 싶었던 정보는 (1) 코로나 팬데믹으로 피해를 본 사람들을 구제하기 위해 돈을 풀어 어쩔 수 없이 생긴 인플레이션을 (2) 임기 3년차 때부터는 확실하게 잡아 현재 물가가 안정되고 있다는 것이었겠지만, 일반 유권자들이 느끼는 정서는 4년 전에 비해 물가가 올랐다는 사실의 연장선상에 있었다. 심지어 선거를 몇 달 앞두고 파월Jerome Powell 연방준비제도 의장이 이자율을 낮추는 결정을 했음에도 불구하고 이것이 물가를 잘 관리하고 있다는 자신감에서 비롯된 결정임을 인지하는 유권자의 수는 많지 않았다. 결국 인플레이션에서 비롯된 가계 경제의 어려움에 대한 심판으로서 선거 구도가 잡힐 수 밖에 없었다.

2. 트럼프 승리 원인: 불법이민과 국경 문제

불법이민 문제는 생각보다 쉽게 해결될 수 있는 문제가 아니다. 불법이민자 문제가 복잡한 이유는 두 가지가 있다. 하나는 경제적 이유이다. 미국의 농축수산업은 불법이민자들의 노동력 없이는 운영되기 어렵다. 예를 들어 농업을 보면, 2000년대 중반 전체 노동자의 약 50%가 불법이민자였고, 2020년대에 들어서도 약 40%의 노동자가 불법이민자이다. 이러한 현실을 고려하면 불법이민자를 모두 추방했을 때 벌어질 수 있는 경제적 충격을 쉽게 상상할 수 있다. 노동력 부족 문제가 발생할 것이고, 임금 인상 역시 야기될 것이기 때문에 결국에는 물가 상승 요인이 되고, 궁극적으로는 소비자에게 피해가 갈 수 밖에 없는 구조이다.

또 하나의 이유는 법적 이유이다. 수정헌법 제14조에 따르면 미국 땅에서 태어난 사람들은 자동적으로 미국 시민권을 받는다. 부모가 불법이민자라 할지라도 본인이 미국에서 태어났으면 미국 시민권자이다. 이 상황에서 불법이민자를 색출하여 추방하는 정책을 강화하면 부모를 추방하고 아이는 미국에 두는 결정을 하거나, 아니면 불법이민자 부모와 시민권자 아이를 모두 추방해야 한다는 논리로 이어진다. 두 가지 방법 모두 현실적으로 불가능하다. 이러한 문제들 때문에 불법이민자 문제 및 이민법 개혁 문제는 난항을 겪었다. 2000년대부터만 봐도 부시George W. Bush 행정부에서 1.5세 불법이민자(부모의 손에 이끌려 어린 나이에 월경해 미국에서 자란 사람들)에게 시민권 부여 가능성까지 열어둔 법Development, Relief, and Education for Alien Minors Act: DREAM Act 논란이 뜨거웠고, 이 법이 의회에서 좌초됨에 따라 오바마Barack Obama 대통령이 발효한, 1.5세 불법이민자에게 갱신 가능한 취업 기회를 주는 내용의 DACADeferred Action for Childhood Arrivals, 그리고 이것을 폐기하기 위한 트럼프 대통령의 노력 등이 잇달아 관찰된다. 역설적으로 2000년대 이후 유입되는 불법이민자의 수가 가장 작았고 불법이민자 추방이 가장 많았던 행정부는 오마바 행정부이다. 부시 행정부 때는 불법이민자의 유입이 심했다. 오바마 행정부 때 어느 정도 안정화된 불법이민자의 수는 트럼프 행정부 말기부터 다시 증가하기 시작하였으나 코로나 때문에 급감했고, 바이든 행정부 들어서면서 코로나 상황에서 벗어남에 따라 급증하게 된다.

바이든 행정부는 급증하는 불법이민자 문제를 직시하고 있었다. 임기 초기 해리스 부통령을 중남미에 보내 불법이민자 유입의 뿌리를 건드리고자 했으나 실패하였다. 그리고 연방의회에게 새로운 이민법 제정을 요구하였으나 이 역시 뜻대로 진행되지 못했다. 연방정부의 미온적인 반응을 참지 못한 주 정부(텍사스Texas)가 주도적으로 국경 봉쇄를 시행하자, 국경 문제의 관할권은 연방정부라고 주장하면서 소송을 거는 사건도 발생하였다. 이 소송은 연방대법원에서 바이든 행정부(연방정부)의 승리로 마무리되긴 했지만, 불법이민자 유입 문제에 미온적이라는 비판을 피하기는 어려웠다. 일각에서는 연방의회가 법을 만들어 이민 문제를 풀어야 한다는 바이든 대통령의 입장을 책임회피라고 보았다. 대통령이 가지고 있는 행정명령executive order을 통해 충분히 풀 수 있는 문제라고 보는 시각도 있었다. 결국 바이든 대통령과 민주당 정치인들의 노력으로 상당히 많은 양의 공화당 입장이 반영된 초당적인 이민법 개정안이 연방상원에서 논의되었다. 2024년 초 민주당 머피Chris Murphy, 무소속 시네마Kyrsten Sinema, 공화당 랭포드James Lankford 상원의원이 초당적으로 발의한 이민법 개정안은 장외에 있던 트럼프의 반대로 결국 무산되고 말았다. 트럼프 입장에서는 선거운동 기간에 좋은 무기로 활용할 수 있는 이민 문제가 연방의회 내 합의로 선거 전에 마무리 되어서는 안 되었기 때문이다. 이에 바이든 대통령은 뒤늦게 대통령의 직권으로 (전면적이지는 않은) 국경봉쇄를 실시하고, 그 결과 불법이민자의 유입량은 2024년 하반기에 눈에 띄게 줄게 된다. 하지만 불법이민자에 대한 유권자의 불만을 불식시키기에는 너무 늦었다.

3. 해리스 패배 원인: 임신중절 문제

임신중절 문제가 미국 정치의 핵심 의제가 된 것은 2022년 돕스 대 잭슨Dobbs v. Jackson 연방대법원 판결 때문이다. 이 판결은 1973년 로 대 웨이드Roe v. Wade 사건에 의해 보장된 여성의 임신중절권을 크게 침해하는 내용을 담고 있다. 돕스 판결은 임신중절권의 보장 여부를 주 정부에게 맡겨야 된다는 판결인데, 적지 않은 수의 주 정부에서 과거보다 임신중절권을 크게 제한하는 주 법들을 만들어 논쟁의 대상이 되었다. 일부 보수 성향이 강한 주에서는 임신중절권의 '완전 금지full ban'까지도 만들었는데, 강간 혹은 근친상간에 의한 임신일지라도 여성이 자신의 의지에 따라 자유롭게 임신중절을 못하게 하는 내용을 담는다. 이에 따라 2022년 11월 중간선거에서 이 현안은 핵심적인 의제가 되었고, 예상보다 그 선거에서 민주당이 선전했던 여러 이유 중의 하나로 언급되고 있다.

해리스가 임신중절 문제를 선거운동의 핵심 메시지로 삼은 이유는 이것이 트럼프와 간접적으로 연관되어 있기 때문이다. 돕스 판결은 연방대법원에서 6-3으로 결정된 것으로, 다수 의견을 제시한 판사들이 모두 보수 성향의 판사들, 즉 공화당 대통령에 의해 지명된 판사들이고, 그 중 세 명이 트럼프 행정부 때 지명된 판사들이라는 점이 부각 대상이었다. 다시 말해 트럼프가 지명한 세 명의 연방대법원 판사들이 아니었다면 다른 결과가 나올 수 있었다는 주장을 트럼프가 임신중절권 제한에 기여했다는 선거운동 레토릭rhetoric으로 만들어 접근했다. 그런데 문제는 트럼프가 직접적으로 임신중절권의 제한을 입에 담지는 않았다는 사실이다. 이번 선거운동 기간 동안 트럼프는 임신중절권이 언급될 때마다 말을 아꼈다. 따라서 트럼프와 임신중절권 간의 관계는 연방대법원이라는 매개를 통해 간접적으로 연관이 있을 뿐이고, 이러한 간접적 관계를 일반 유권자들에게 효과적으로 전달하기란 생각보다 쉽지 않았다. 2022년 중간선거는 기본적으로 주 단위의 선거이기 때문에 주 정부에서 결정하는 임신중절권의 범위가 주요한 현안으로 작동했겠지만, 대통령 선거는 연방 단위의 선거이기 때문에 이 현안의 파괴력이 약했다. 게다가 2022년 판결 이후 2년이 지난 시점에 치러지는 선거에서 이 현안을 재활용하는 데에서 비롯된 피로감 역시 무시하기 어려웠다.

4. 해리스 패배 원인: 민주주의의 위기

민주당이 적극 활용한 또 다른 현안은 '민주주의의 위기' 담론이다. 이것은 2021년 1월 6일에 대선 결과에 불복한 일부 트럼프 지지자들이 연방의회 의사당에 침입한 사건을 환기시키면서 이 사건의 배후에 있는, 민주주의 원칙을 훼손한 트럼프가 다시 백악관에서 들어가서는 안 된다는 것을 내용으로 한다. 이에 덧붙여 트럼프가 걸려있는 총 네 건의 형사소송도 언급되었다. 이 주장을 액면 그대로 받아들인다면 설득될만한 부분이 많다. 2021년 1월 6일 의사당 침입 사건을 직접 이끌지는 않았다 하더라도, 조지아 주지사와 주무장관에게 전화하여 부정 선거임을 확인하라는 통화 기록은 공개된 바 있고, 선거 패배를 인정하지 않는 데에 그치지 않고 꾸준히 부정선거론을 확산시켰기 때문에 대통령직에 어울리지 않은 인물이라는 주장에는 일리가 있다. 임기 중 두 번 연방하원에 의해 탄핵되었고, 러시아의 선거 개입을 도왔거나 방조했다는 혐의로 특별검사의 조사까지 받았을 뿐 아니라, 트럼프 1기 때 주요 보직에 있었던 사람들의 증언들 역시 트럼프가 민주주의에 위협이 되는 인물이라는 의견을 뒷받침해준다.

문제는 이 주장이 일반 유권자들에게는 액면 그대로 받아들여지지 않았다는 것이다. 이미 정치인과 유권자 차원에서 양극화polarization가 심화되었기 때문에 특정 정치인이 민주주의에 위협이 된다는 주장은 정파적인 논리의 연장선에서 이해되기 쉽다는 문제가 있다. 그러나 이보다 더 큰 문제는 '민주주의 위협' 논리가 많은 일반 유권자들이 신뢰하지 않는 기성 정치권 혹은 기존 정치제도 수호의 논리로 들렸을 수 있다는 점이다. 내집단in-group과 외집단out-group의 구분을 명확히 하고, 엘리트와 기성 정치인들로 구성된 외집단을 정책 결정과정에서 배제하는 것이 진정한 민주주의 실현이라고 믿는 유권자들에게 '위기에 봉착한 민주주의 수호'라는 메시지는 현상 유지 혹은 기득권 유지의 메시지로 잘못 읽힐 가능성이 컸다.

II. 2024년 선거에 나타난 유권자 지형 변화

그렇다면 트럼프의 승리를 가져온 유권자의 투표 행태는 어떠한가? 출구조사exit poll 결과를 보면 과거에 비해 소수인종 유권자들이 상대적으로 트럼프를 더 선택했다는 사실이 눈에 띈다. 물론 절대적인 수치만을 보면 여전히 소수인종 유권자들이 민주당을 선호하고 있지만, 2008년과 2012년 소위 '오바마 연합'이 형성되었을 때의 수치와 2016년과 2020년 선거 결과와 비교해 보면 소수인종 유권자의 친공화당·친트럼프 성향이 확연하다. 특히 흑인과 히스패닉 남성에게서 이러한 경향성이 크게 나타난다. 그러나 대졸 백인 여성 유권자들이 과거에 비해 민주당 후보를 더 지지했다. 따라서 이번 선거 결과에 기반해 공화당이 다인종 연합 정당이 되었다고 단정하기는 어렵다. 또한 흑인·히스패닉 유권자들의 재정렬realignment을 의미한다고 판단하기엔 시기상조이다. 미국 정치에서 통용되는 재정렬(남부 민주당 지지 백인 유권자들이 공화당으로 전향하는 긴 흐름)의 역사적 특수성을 고려해 보면 성급한 결론은 곤란하다(Schickler 2016).

또한 이번 대선에서 고졸 백인 유권자들 사이에서 트럼프에 대한 지지가 높은 것으로 나타났다. 이것은 고졸 백인 유권자들이 자신의 경제적 이익이 아니라 상징적(문화적) 현안 입장에 의해 투표했음을 시사한다. 해리스가 흑인 여성 후보였다는 점, 최근 미디어 환경이 변함에 따라 미국 대도시 지역에서 벌어지는 지엽적인 범죄, 성 지향성을 둘러싼 갈등이 확산된 것이 원인으로 보인다(Pierson and Schickler 2024). 다음선거에서도 이러한 '문화전쟁culture war'이 민주당과 공화당 지지자를 나누는 주요 사안이 될 지는 미지수이지만 이번 대선의 주목할 만한 특징임에는 틀림없다.

마지막으로 2020년과 달리 생애 최초 투표자들이 해리스보다 트럼프에게 더 많은 표를 주었다. 보통 젊은 세대는 기성세대에 비해 유색인종 비율이 높고, 교육수준이 높으며, 다양성에 대한 수용도가 높아서 민주당 친화적이라고 알려져 있다. 올해 여름 대학가를 강타한 친팔레스타인 시위pro-Palestine protests가 있을 때 실시된 여론조사에서도 다른 세대에 비해 20-30대에게서 친팔레스타인·반이스라엘pro-Palestine·anti-Israel 성향이 높다는 것이 확인되었다. 그런데 2020년 생애 최초 투표자들이 진보정당 후보 바이든을 더 많이 선택했던 것과는 대조적으로, 2024년에는 보수정당 후보 트럼프를 더 지지했다는 것이 인플레이션 및 이민 문제 등 주요 선거 현안에 대한 입장이 반영된 결과인지, 아니면 근본적 선거 지형변화일지는 앞으로 추가 분석이 필요해 보인다. 결론적으로 이번 선거에서 소수 인종 유권자와 생애 최초 유권자의 투표행태에 변화가 관찰되었다. 따라서 이번 선거에 나타난 투표행태 정보만을 보고 섣불리 미국 유권자의 지형 변화를 논의해서는 안 될 것이다.

또 한 가지 흥미로운 점은 이번 선거에서 민주당은 '대졸자/고소득자의 정당', 공화당은 '고졸자/저소득자의 정당'이라는 구도가 확연해졌다는 것이다(Grossman and Hopkins 2024). 그러나 이러한 이분법에는 몇 가지 문제가 있다. 우선 이것은 유권자 지형만 보여줄 뿐 정당의 정책과 일치하지 않음을 기억해야 한다. 고졸 노동자를 위한 정책을 구체적으로 폈던 것은 바이든 행정부이지 트럼프 행정부가 아니다. 트럼프 행정부 1기는 감세 정책을 추진하여 고졸 노동자의 안녕에 도움을 주었을 수 있지만, 사실 2017년 감세법Tax Cuts and Jobs Act은 과거 공화당 주도의 감세법과 마찬가지로 부자들에게 더 큰 혜택을 주었다. 즉, 정책 차원에서는 여전히 민주당이 저소득층 노동자 정당이고 공화당이 부유층 정당이다. 다만 공화당·트럼프가 선거에서 승리하기 위해 활용한 전략은 저소득층 노동자들이 민감하게 받아들이는 '문화 현안'이다. 이민 문제, 인종 문제, LGBTQ 문제 등이 여기에 포함된다.

이 맥락에서 공화당의 통치 철학을 잘 요약해 주는 개념으로 금권주의 포퓰리즘plutocratic populism을 주목해야 한다(Hacker and Pierson 2020). 이 개념은 1980년 이후, 더 짧게는 민주당이 신자유주의적 경제 정책을 받아들인 1992년 이후 미국 정치의 현주소를 이해하는 데 크게 도움을 준다. 금권주의 포퓰리즘의 내용을 요약하면 대략 다음과 같다.

1) 공화당은 1980년 레이건 이후 '가진 자haves'의 정당이었음. 공화당은 집권할 때 마다 세금 감면, 규제 완화, 민영화 등의 '가진 자'의 의제를 충실히 정책으로 실현시켰음.
2) 공화당의 정책들은 심각한 경제 불평등을 낳음(시장과 정치 간 고리를 외면하는 경제학자들은 다른 주장을 하기도 하는데, '정책이 불평등을 심화시켰음'을 검증한 정치학 연구들은 무수히 많음).
3) 실제로 미국의 정치 제도를 보면 '금권주의plutocracy'라고 부를 만한 요소들이 많음. 대표적으로 선거자금법. 2010년 시민연합 대 연방선거관리위원회Citizens United v. FEC 연방대법원 판결 이후 선거 때마다 등장하는 슈퍼팩Super-PAC을 비롯한 '가진 자'의 큰 손이 선거 및 정책 결정과정에 미치는 영향은 지대함.

4) 그런데 '가진 자'에게 하나의 큰 장애물이 있음. 그것은 '일인일표제'에 근거한 민주주의 선거제도임. 억만장자인 자기도 한 표고, 가난한 노숙자도 한 표임. 아무리 돈이 많고, 아무리 유력 정치인들과의 네트워크가 있다 해도, '가진 자' 자신이 지지하는 정치인이 선거에서 당선되지 못한다면 아무 소용없음.

5) 이에 사익 극대화를 추구하는, 극소수의, 공화당을 적극 지지하는 '가진 자'들은 다른 곳으로 눈을 돌리게 됨. 그 와중에 발견한 것이 문화전쟁 전선임. 개신교 가치관, 전통적인 가족관, 오랫동안 유지되어왔던 인종 간 위계질서, 미국이라는 한 나라의 국가 정체성 등을 활용하여 넓은 지지 세력을 확보하고자 함(그러나 정작 '가진 자' 자신들은 이것에 관심 없음).

6) 다시 말해 공화당은 (1) 극소수의 '큰 손'의 이익 극대화를 추구하는 정당인데, (2) 선거 목적으로 전통 가치관·국가정체성을 활용해 '가지지 못한 자'들의 표를 확보하는 정당이라는 이야기임. 첫 번째 부분이 금권주의, 두 번째 부분이 포퓰리즘, 합쳐서 금권주의 포퓰리즘임.

트럼프가 1기 행정부 때 감세법을 제외하고는 고졸 백인 노동자를 위한 구체적인 정책을 편 적이 없다는 사실, 역으로 바이든 대통령이 그들의 이익을 위한 산업정책 정책을 폈다는 사실, 그럼에도 불구하고 그들이 합리적인 선택을 하지 않고 이번 선거에서 트럼프 쪽으로 기울었다는 사실은 금권주의 포퓰리즘의 맥락에서 충분히 설명 가능하다.

III. 민주당의 미래

트럼프의 백악관 복귀는 겉으로 보아 1980년대부터 시작된 자유주의 경제정책의 종말을 의미한다. 자유주의 경제정책은 정부의 시장 개입을 최소화하고, 감세를 통해 투자를 촉진하며 경제 성장을 도모하는 방식으로 운영되었다. 냉전 종식 후 미국은 다자주의적 자유무역을 지향하며 글로벌 경제와의 연결을 강화했지만, 이러한 경제정책은 결국 경제 불평등을 심화시키는 결과를 초래했다. 특히 해외로 일자리가 유출되고, 전통적인 제조업 지역의 경제가 침체되면서, 많은 중산층 유권자들이 경제적 어려움을 겪게 되었다. 이로 인해 트럼프는 '시골의 고졸 백인 기독교 신자 남성'들의 표심을 파고들며, 그들의 불만을 정치적 자산으로 변환했다. 하지만 트럼프의 정책을 보면 여전히 부유층 친화적인 흔적이 남아있다.

반면 민주당의 경우 1992년 클린턴Bill Clinton이 대통령으로 당선된 후 유지하고 있었던 자유주의 경제정책의 후폭풍을 2016년 선거에서 쓰라리게 경험한 바 있다. 뉴딜 연합의 일원으로서 오랫동안 민주당을 지지해 왔던 고졸 백인 노동자 계층이 트럼프 쪽으로 기울어짐에 따라 예상치 못한 패배를 맛보았던 것이다. 이에 근본적인 태세 전환을 시도하여 내세운 바이든이 2020년 백악관을 탈환하면서 노골적인 친노동, 친노조 정책을 취하게 된다. 대외적으로는 트럼프의 '미국 우선주의' 정책과 유사했다는 점, 그리고 대내적으로는 민주당 내 급진파인 샌더스 Bernie Sanders의 목소리와 유사했다는 지적이 있었다. 바이든이 가져온 민주당 내 변화가 2024년 선거의 승리로 이어지지 못했다는 점은 앞으로 민주당의 미래를 점검하기 위한 출발점이 된다.

전술한 바와 같이 해리스의 패배는 기본적으로 거시경제적 요인의 함수이다. 그러나 흑인 남성과 히스패닉 유권자들의 지지를 과거에 비해 덜 얻었다는 점, 생애 첫 유권자의 지지를 충분히 얻지 못했다는 점, 그리고 바이든 행정부의 노력이 고졸 백인 노동자들의 동원으로 이어지지 않았다는 점은 곱씹어 볼만한 지점이다. 일각에서는 사회문화 현안에서 민주당이 취하고 있는 진보적 입장, 즉 '정치적 올바름성political correctness'에 대한 대중의 반발을 불식시키지 못하면 민주당이 선거에서 선전하지 못할 것이라고 한다(Lilla 2018). 하지만 이 주장은 여러가지 이유에서 받아들이기 어렵다. 우선 해리스의 선거운동은 정체성 정치identity politics를 강조한 바 없다. 트럼프 선거운동도 트랜스젠더에 대한 광고를 제외하고는 2016년 혹은 2020년에 비해 문화 현안에 집중하지 않았다. 만약 정체성 정치가 선거 결과에 큰 영향을 끼쳤다면 2020년에 왜 바이든이 승리했는지를 설명하기 어렵다. 2020년은 공권력에 의한 플로이드George Floyd 사망사건이 촉발시킨 '흑인의 생명은 소중하다Black Lives Matter' 운동이 극에 달해 있었던 시기였는데 말이다.

더욱 흥미로운 사실은 2024년 선거를 복기하면서 나오는 분석이 2004년과 놀라울 정도로 유사하다는 것이다. 2004년은 이라크 전쟁에 대한 의구심과 사회 기저에서 흐르고 있는 문화적 자유주의(예를 들어 동성간 결혼 합법화 및 줄기세포 활용)가 얽혀있던 시기였다. 2000년 논쟁의 여지가 있는, 근소한 차이로 대통령에 당선된 부시의 재선을 막을 수 있다고 생각했던 사람들이 많았지만 결과는 민주당 후보 케리John Kerry의 패배였다. 이 결과를 복기하는 과정에서 민주당이 일반 국민들에게 감성적으로 접근하지 못하고, 이성적으로만 접근한다는 점(Westen 2007), 동성간 결혼과 같은, 시골 백인 중산층에게 인기 없는 현안에 집착하고 있다는 점(Frank 2004) 등이 지적되었다. 하지만 이 지적사항을 반영하려는 노력이 크게 없었음에도 불구하고 2008년 민주당은 최초의 흑인 대통령 후보 오바마를 내세워 승리를 거둔다.

문제는 오바마 당선부터 새롭게 대두된다. 최초의 흑인 대통령인 오바마에 대한 반발이 정치권을 휩쓴 것이다. 우선은 오바마 당선에 큰 도움이 되었던 금융위기를 극복하는 과정에서 오바마 행정부는 월가Wall Street의 이익을 대변한, 신자유주의적 정책을 취했다. 망해가는 기업들을 구제하기 위해 동원된 막대한 세금에 많은 유권자들이 불만을 표출했고, 이는 '티파티 운동'으로 이어진다(Skocpol and Williamson 2012). 이 운동은 2010년 중간선거에서 공화당의 대승을 이끄는 원동력이 되었다. 한편, 오바마의 인종 정체성이 본격적으로 정치 현안이 되었다. 대표적으로 오바마가 미국에서 태어나지 않아 미국 대통령의 자격이 없다는 음모론birther conspiracy의 확산을 주목해야 한다. 이 음모론의 재생산에 앞장섰던 인물이 트럼프였다는 점도 흥미로운 지점이다. 이러한 난관에도 불구하고 오바마는 2012년 재선에 성공했다.

2008년과 2012년 오바마의 정치적 성공은 민주당으로 하여금 진보적인 방향으로 미국이 움직이고 있다는 착각을 가져다 주었다. 2015년 연방대법원이 동성간 결혼이 합헌이라는 판결을 내린 오버거

펠 대 호지스 사건Obergefell v. Hodges도 이러한 맥락에서 이해해야 한다. 역사상 최초의 흑인 대통령을 배출한 민주당은 이제 역사상 최초의 여성 대통령Hillary Clinton을 배출할 준비가 되어있다고 믿었다. 이 연장선상에서 다음 대권을 꿈꾸는 정치인들은 히스패닉, 흑인 여성, 동성애자 등으로 꾸며지게 된다. 2020년 민주당 대통령 경선에 출마한 후보들 중에서 백인 남성은 바이든과 샌더스 밖에 없었다. 나머지 후보들은 여성Elizabeth Warren, Amy Klobuchar, 흑인Cory Booker, 흑인 여성Kamala Harris, 아시아계Andrew Yang, 히스패닉Juan Castro, 게이Pete Buttigieg 등이었다. 이 때 민주당은 전통적 이미지의 중도 성향 후보 바이든을 선택하였고, 좋은 결과를 낳았다.

공교롭게도 2016년과 2024년 여성 혹은 소수인종 후보를 내어 실패한 민주당은 미국 사회에 내재된, 그리고 아마도 트럼프의 등장으로 증폭된 성·인종차별주의의 물결을 체감하고 있을 것이다. 그렇다면 2028년에 백악관을 탈환하기 위해서는 '젊은 바이든'으로 불릴 수 있는 중도성향의 백인 남성 후보를 지원해야 할 것이다. 그러나 다른 고려도 필요하다. 만약 민주당을 이탈한 고졸 백인 노동자 계층의 포섭이 필요하다면 중도성향보다는 조금 더 노동친화적인 입장을 보이는 '젊은 샌더스'를 키워야 할 것이다. 바이든은 중도성향으로 시작하여 집권 후 친노동 성향으로 전환한 경우이다. 해리스의 실패는 그녀의 정체성(성 및 인종)의 영향일 수도 있지만, 월가를 비롯한 기득권의 입김에서 자유롭지 못한 모습을 보였기 때문일 수도 있다. 다시 말해 정체성 정치를 자극하지 않으면서 동시에 고졸 백인 유권자에게 다가갈 수 있는 젊은 백인 남성 후보가 필요하다. 이 범주에 속하는 인물로는 현재 펜실베이니아Pennsylvania 주지사 샤피로Josh Shapiro와 켄터키Kentucky 주지사 배쉬어Andy Beshear 등이 있다.

한편 민주당에서 2004년 패배에서 2008년 승리로 간 공식을 재현한다고 결심하면 맞불 전략을 취할 수도 있다. 문화 현안 혹은 경제 현안에서 급진적인 입장을 보이는 후보들을 전면에 내세우는 것이다. 이 범주에는 수많은 정치인들이 존재한다. 캘리포니아 주지사 뉴섬Gavin Newsom, 교통부장관 부티지지Pete Buttigieg, 급진파 여성 연방하원의원 오카시오-코르테즈Alexandria Ocasio-Cortez, 미시간 주지사 휘트머Gretchen Whitmer 등이 있다.

역사적으로 민주당은 서로 다른 이해관계를 갖는 집단들이 공존하는 정당이었다(Grossman and Hopkins 2016). 뉴딜 연합은 중공업 지대의 노동자, 이민자, 소수 인종뿐만 아니라 노골적인 인종차별주의자인 남부 백인까지 끌어안은 집단이었다. 오바마 연합도 전통적인 민주당 지지층인 저학력 백인 노동자와 소수인종 및 대졸자 엘리트를 묶은 집단이었다. 따라서 상대적으로 가치와 이념에 기반한 공화당에 비해 변화의 폭도 크고, 모순되는 정책을 생산하기도 한다. 트럼프화된 공화당과 경쟁하기 위해 민주당이 어떠한 정체성을 띠어야 하는지를 단언하기는 어려우며, 클린턴에서 오바마로 이어진 신자유주의적 경제정책을 유지하지는 못할 것 같다. 그러나 그것이 곧 친노동, 친소수자 정당으로 고착될 것이라는 의미는 아니다. 선거자금 동원과 지출이

자유로운 미국 선거 맥락에서 '큰 손'의 영향력으로부터 자유롭기란 지극히 어렵기 때문이다.

이 장의 일부는 "2024년 미국 대통령 선거와 미 신정부의 대외정책 전망," 『KINU 정책연구시리즈』 24-04 에 게재된 내용을 수정보완하여 작성되었음.

참고문헌

Frank, Thomas. 2004. *What's the Matter with Kansas? How Conservatives Won the Heart of America*. New York: Metropolitan Books.

Grossman, Matt, and David A. Hopkins. 2024. *Polarized by Degrees: How the Diploma Divide and the Culture War Transformed American Politics*. New York: Cambridge University Press.

Grossman, Matt, and David A. Hopkins. 2016. *Asymmetric Politics: Ideological Republicans and Group Interest Democrats*. New York: Oxford University Press.

Hacker, Jacob S., and Paul Pierson. 2020. *Let them Eat Tweets: How the Right Rules in an Age of Extreme Inequality*. New York: W. W. Norton.

Lilla, Mark. 2018. *The Once and Future Liberal: After Identity Politics*. New York: Oxford University Press.

Pierson, Paul, and Eric Schickler. 2024. *Partisan Nation: The Dangerous New Logic of American Politics in a Nationalized Era*. Chicago: University of Chicago Press.

Schickler, Eric. 2016. *Racial Realignment: The Transformation of American Liberalism, 1932-1965*. Princeton, NJ: Princeton University Press.

Skocpol, Theda, and Vanessa Williamson. 2012. *The Tea Party and the Remaking of Republican Conservatism*. New York: Oxford University Press.

Westen, Drew. 2007. *The Political Brain: The Role of Emotion in Deciding the Fate of the Nation*. New York: Public Affairs.

3

신우파의 부상과 미래 미국

차태서 | 성균관대학교

I. 서론

본 장은 공화당의 중상기적 변화가 어떻게 미국의 정치 지형을 형성해 나갈지에 대해 탐구한다. 2008년 금융위기와 버락 오바마Barack Obama 대통령의 취임 등의 이벤트를 기폭제로 삼아, 티파티Tea Party 운동과 위대한 미국 복원Make America Great Again: MAGA 운동이 차례로 정당기구를 포획하면서 공화당은 점차 이념적으로 극우화되어 왔다(손병권 2024). 과거 신자유주의적 경제정책과 색맹color-blind 원칙을 기반으로 했던 로널드 레이건Ronald Reagan 이후 보수정당으로서의 정체성은 거의 소멸되고, 대신 포퓰리즘과 백인 민족주의를 내세우며 급진 우익정당으로 변화한 것이 오늘날 "위대하고 오래된 정당Grand Old Party: G.O.P"의 현실이란 것이 본 논문의 기본 문제의식이다(Linker 2024b).

이에 본문에서는 먼저 (포스트-)트럼프 시대, 공화당의 탈자유주의화를 주도해 온 신우파의 이념 체계를 JD 밴스James David Vance와 패트릭 드닌Patrick J. Deneen의 사상을 중심으로 분석한다. 이어서 3장에서는 반엘리트주의, 백인기독민족주의, 보수적 사회민주주의, 신가부장제와 같은 키워드들을 중심으로 이들이 만들어가려는 미래 미국의 모습을 구체적으로 살펴본다. 마지막으로 결론에서는 신우파의 "체제 전환 regime change" 프로젝트를 공동체주의의 타락이라는 차원에서 비판한 후, 또 다른 의미의 탈자유주의적 패러다임의 구축이 가능할지를 타진해 볼 것이다.

II. 탈자유주의 우파의 주류화

1. JD 밴스: MAGA 운동의 사도 바울

2024년 7월 공화당 전당대회에서 밴스가 부통령 후보로 지명된 것은 여러 가지 면에서 의미심장했다. 이는 트럼프 이후 공화당의 이념적 중심축이 어디로 기울지, 어떤 정체성을 지닌 정당으로 진화해 갈지를 보여주는 지표로서, 공화당 기득권층과 완전한 결별을 시도하는 신우파의 정당 내 지위가 공고화되었음을 상징한다(Wallace-Wells 2024). 다시 말해, 밴스가 트럼프에 의해 일종의 "세자 책봉"을 받은 것은 향후 공화당이 트럼프 '주의'를 교조화하는 탈자유주의 세력에 의해 장악될 가능성을 표현한 것으로, 극우 포퓰리즘 운동이 공화당을 제도적 운반체로 삼아 미국 정치에 장기적으로 영향을 미칠 기반이 마련된 셈이다.

사실 밴스는 그 이전부터 단순히 트럼프에게 충성을 바치는 흔한 공화당 정치인 무리 중 하나에 그치지 않고, 신우파 혹은 탈자유주의 이념 운동의 핵심적 리더로 떠오르고 있었다. 다시 말해, 밴스는 트럼피즘Trumpism에 사상적 깊이를 더해 트럼프 시대에 시작된 급진적 보수주의 혁명 혹은 반혁명counterrevolution 구상을 더욱 체계화하려는 움직임을 주도함으로써, 오늘날 젊은 극우세력이 추구하는 "체제 전환" 프로젝트의 중심에 자리 잡아 왔다(Klein 2024). 이 때문에, 스티브 배넌Steve Bannon은 밴스가 MAGA 운동의 "신경 중추nerve center"로서, 비유컨대 "사도 바울"과 같은 역할을 수행할 것이라고 예견하였다. 마치 사도 바울이 예수 그리스도의 말씀을 교리화하여 널리 전도한 것처럼, 트럼피즘의 "복음"을 방방곡곡에 확산하는 열렬한 "개종자"의 사명을 밴스가 맡을 것이라는 예언이다(Ward 2024a). 특히 배넌은 밴스가 그간 월스트리트의 금융 엘리트에 의해 장악되었던 미국을 다시 생산적 경제로 복귀시키고 대외팽창적 제국을 해체시킴으로써 중산층 복원에 기여할 것이라는 큰 기대를 나타냈다(Pogue 2024).

이와 같이 정치사적 중요성을 지닌 인물인 밴스의 사상적 궤적을 잠시 살펴 보면 다음과 같다. 2016년 트럼프 당선의 사회경제적 원인을 설명해 주는 책으로 정평이 나면서 그를 일약 저명인사로 만든 자서전 "힐빌리의 노래Hibilly Elegy"에는 밴스의 고단했던 성장환경이 잘 드러나 있다. 잭슨주의적 포퓰리즘의 진앙지인 러스트 벨트의 저학력 백인노동계급 출신으로서 밴스는 미국 내에서 힐빌리hillbillies, 레드넥rednecks, 백인쓰레기white trash 등의 비칭으로 불려 온 사람들의 비극—대를 이은 가난과 소외, 만연한 약물중독과 자살, 윤리규범의 쇠퇴와 가족의 해체 등—을 담담하게 서술하였다. 그러나 이 자서전을 저술할 때만 해도 밴스는 빈곤의 개인 책임을 강조하고, 자조와 근면을 해결책으로 제시하는 자유지상주의적 사상의 보유자였다(Vance 2017).

그러나 밴스는 30대 중반의 늦은 나이에 가톨릭에 귀의하면서 일종의 사상적 전회를 경험하게 된다. 구교의 사회 교리social teaching의 영향을 받아 기성 신자유주의 사회구조에 대한 비판적 시각을 학습하게 된 것이다(Ahmari 2024b). 여기서 또한 중요한 것은 가톨릭이 앞서 말한 "전통주의"와 상통하는 반자유주의적 세계관의 기초를 제공했다는 사실이다. 2020년 그는 한 가톨릭 저널에 자신의 개종의 의미를 설명하는 에세이를 기고하였는데, 본래 독실한 신자였던 할머니"Mamaw"와 힐빌리 문화의 영향에 따라 개신교도로서 성장했다는 이야기에서부터 자신의 인생을 회고한다. 그러나 해병대원으로 이라크에 파병되어 전쟁의 참상을 겪으면서 점차 신앙심이 약화되었고, 급기야 제대 후 오하이오 주립대와 예일대 로스쿨 등을 다니며 그곳의 자유주의적, 세속주의적 엘리트 문화에 동화되어 버렸다고 고백한다. 그 공간에서 종교를 믿는 것은 무지하거나 시대에 뒤떨어진 것으로 취급되었기에, 자신은 의식적으로 무신론자가 되기 위해 노력했다는 것이다. 그러나 그는 이

내 물질적 성공에 집착하는 경쟁문화에 지독한 회의에 빠지게 되어 정신적 방황기를 겪게 되었고, 결국 2019년 세례를 받으면서 인생의 진정한 가치를 찾는 구원을 받게 되었다(Vance 2020).

어찌보면 전형적인 "돌아온 탕아"의 서사를 제시한 셈인데, 흥미롭게도 밴스는 이러한 가톨릭 귀의를 "저항resistance"에의 참여라 정의내리고 있다. 즉, 자신의 개종은 일개인의 사적 선택이 아닌 현대 사회의 세속적, 개인주의적 흐름에 저항하는 정치적 행위, "능력주의 지배계급 meritocratic master class" 중심의 자유주의적 사조에 대한 사상적 반격으로서 규정한 셈이다(Vance 2020; Elie 2024). 실제로 최근 포스트리버럴 청년 우파들 사이에서 구교로의 개종이 상당히 많이 관찰되는 추세이며, 아래에서 살펴볼 드닌을 비롯해 많은 신우파 지식인들이 가톨릭 신도라는 공통점을 보유하고 있다. 이는 끊임없이 유동하며 불안정감을 주는 현대 사회와 정반대로 2000년의 역사를 지닌 구교가 "전통", "도덕", "고향", "공동체"와 같은 노스텔지어의 원점을 제공해주고 있기 때문으로 해석된다(Boorstein 2024; Liedl 2024; Linker 2024a).

종교적 "회심repentence" 이후에 구체적으로 밴스의 반자유주의적 정치사상의 내용물을 채워준 것은 다양한 급진 우익 지식계의 담론들이었다. 가령, 서부 스트라우스주의West Coast Straussianism의 본거지로서 트럼프의 첫 부상 때부터 그에 대한 정치철학적 지지논리를 개발했고, 최근에는 각성주의wokism에 맞선 문화전쟁 수행에 매진해 온 클레어몬트 연구소 Claremont Institute와 긴밀한 관계를 유지해 왔다(Wilson 2024; Zerofsky 2023). 또한 실리콘벨리 내 극우 트렌드의 대표주자로서 반민주주의와 기술지상주의 철학을 지닌 피터 틸Peter Thiel은 그의 오랜 멘토로 알려져 있다. 심지어 밴스는 "신반동주의NRx" 운동의 구루guru이자 왕정주의자monarchist인 커티스 야빈Curtis Yarvin 같은 대안우파alt-right 온라인 하위문화의 인물들과도 접점을 지니고 있다(Ward 2024b; 2024c).

이처럼 밴스의 반체제적 정치관념에 영향을 미친 이데올로기적 조류들이 다수 거론되지만, 단연 돋보이는 것은 하버드 법대 교수인 에이드리언 버뮤얼Adrian Vermeule, 포퓰리스트 잡지인 컴팩트 매거진의 편집장인 소랍 아마리Sohrab Ahmari 등이 주도하고 있는 탈자유주의적 가톨릭 사상가 집단이다. 그리고 그 중에서도 이 집단의 대표적 이데올로그로서 지목되는 것이 바로 노터데임 대학교University of Notre Dame 정치학과 교수인 드닌이다. 오늘날 신우파 세력은 드닌의 작업을 자신들의 정치 운동에 대한 사상적 로드맵으로 여기고 있다(Ward 2024c). 따라서 그의 사유를 추적하다 보면, 공화당의 신주류로 부상하고 있는 탈자유주의 우파집단이 추구하는 정치적 비전을 보다 체계적으로 파악할 수 있다.

2. 패트릭 드닌: 탈자유주의적 "체제 전환"의 사상가

2023년 5월 17일 늦은 오후, 미국 가톨릭 대학에서 열린 "체제 전환: 탈자유주의적 미래를 향하여Regime Change: Toward a Postliberal Future" 출판기념회가 시작되기 직전에 모습을 드러낸 밴스는 당일 행사의 주인공인 드닌에게 곧바로 돌진하듯 다가가 격하게 포옹하였다. 그리고 저자의 강연 후 열린 패널토론회에서 밴스는 "탈자유주의 우파"임을 자처하면서, 의회 내에서 자신의 역할은 "명백히 반체제적explicitly anti-regime"인 것이라고 발언하였다(Ward 2023). 본인이 드닌의 사상적 추종자임을 공개적으로 밝힌 셈이다. 이에 화답하듯 드닌은 2024년 7월 밴스가 공화당의 부통령 후보로 지명되자 트럼프식 포퓰리즘을 더욱 진전시킬 "이상적 후보자"라고 찬사를 보냈다(Liedl 2024).

학문의 여정에 있어 드닌은 학부 시절부터 박사과정에 이르기까지 당대의 대표적인 공동체주의자인 윌슨 캐리 맥윌리엄스Wilson Carey McWilliams의 지도를 받으며, 미국 정치사에서 실전된 비자유주의 전통에 관심을 갖게 되었다. 미국 정치사상 학계에서 자유주의가 절대적인 지배력을 행사하는 가운데, 연대, 관습, 공동체와 같은 가치를 강조하는 대항적 조류의 존재를 재발견하고, 이러한 전통이 현재 미국 사회가 직면한 긴급한 문제 해결에 중요한 함의를 지닌다는 소수파적 확신을 가지게 된 것이다. 그리고 이 초기 시절에만 해도 드닌의 반자유주의 철학은 전후 맑스주의의 영향과 뒤섞여 상당히 좌경화된 색채를 띠었으며, 그 후에도 드닌의 사유에는 반자본주의적 경향이 지속적으로 나타났다. 이후 프린스턴대를 거쳐 조지타운대학에서 교수로 재직하던 시기, 드닌은 가톨릭 신앙에 심취한 동시에 점차 우경화된 모습을 보였으며, 2008년에 발생한 대침체Great Recession를 자유주의 문명의 경제적·자연적 한계를 결정적으로 입증한 사건으로 해석하였다(Ward 2023).

이어서 2018년, 드닌은 그간의 자유주의 비판작업을 집대성한 "왜 자유주의는 실패했는가Why Liberalism Failed"를 출간하면서 일약 세계적인 명성을 얻게 된다. 비록 초고 자체는 2016년 대선 전에 이미 완성된 것이었으나, 당시 논란의 중심이었던 트럼프 현상의 출현을 근대 서구 자유주의 프로젝트의 궤적이라는 거시적 분석틀로 설명함으로써 진보 진영으로부터도 큰 찬사를 받았다. 근대 자유주의의 무절제한 개인주의 방종 혹은 사적 이익 추구가 낳은 불평등 증대와 정부/기업으로의 권력집중, 사회의 원자적 파편화와 전통규범의 상실, 자연환경의 파괴 등을 비판하면서, 당대 미국인들이 느끼고 있는 소외와 분노는 자유주의의 실패가 아닌 성공 때문이라는 파격적인 주장을 내놓았다. 특히 기존 좌파와 우파, 민주당과 공화당의 세계관이 모두 자유주의적 합의에 기반하고 있다는 점에서, 기성 정치 세력들은 현 자유민주주의 체제의 정당성 위기에 대한 책임을 공유해야 하며, 자유주의 철학 외부에서만 문명적 해법이 찾아질 수 있다고 주장함으로써 미국 사회에 근본적인 화두를 제시하였다. 여기서 비자유주의적 대안이란 바로 고대적 의미의 덕성virtue을 함양하고 공동선common good을 지향하는 시민 공동체(=공화주의) 전통—19세기 초, 알렉시 드 토크빌Alexis de Tocqueville이 방문했을 때 미국에서 발견하고 찬양했던 타운 민주주의—의 복원을 의미한다(Deneen, 2019).

그러나 이후 드닌의 자유주의 비판은 훨씬 더 급진화되어 탈자유주의적 체제 전환을 추진하는 변혁 이데올로기의 형태로까지 진화하였다. 기성 자유민주주의 시스템 하 보수와 진보 모두가 합의하고 있는 리버럴 컨센서스를 초월하기 위해, 혁명적 변화를 추동해야 한다는 것이 그의 최근 저서, "체제 전환(Deneen 2023)"의 핵심 문제의식이다. 사실 2018년 저술의 결론에서만 해도 드닌은 지역의 작은 공동체들의 잠재성에 주목하면서, 이들의 부활과 지방 자치의 확산이 자유주의 질서에 대한 대안—"자유주의 이후의 자유"—을 제공할 것이라고 서술하였다(Deneen 2019, 262-269). 그러나 이후 전세계적인 포퓰리즘 운동의 부상을 역사의 긍정적 돌파구로 인식하게 되면서 드닌은 자신의 제안이 지나치게 온건했다고 반성하게 된다. 그리하여 신우익세력이 강력한 중앙집권적 국가기구를 장악해 급진적으로 "공동선 보수주의common-good conservatism"의 비전을 관철하는 "체제 전환"을 새로운 목표로 삼게 된다(Ward 2023).

보다 구체적으로 이 체제 전환이란 좌우를 막론하고 부패해 버린 자유주의 지배계급을 축출하고 탈자유주의 신질서를 건설하려는 프로젝트로서, 기성 헌정주의 제도의 프레임은 유지하되 근본적으로 상이한 비자유주의적 에토스를 그 속에 주입하는 과정을 의미한다(Deneen 2023, xiv). 그리고 이 정치적 변동을 추동하기 위해서는, 마키아벨리가 고대 로마에서 발견했던 혼합정체와 평민들의 전술을 차용하여, 탈자유주의 철학으로 무장한 새로운 보수 엘리트와 포퓰리스트적 대중 간의 계급동맹—"귀족포퓰리즘aristopopulism"—을 구축할 필요가 있다(Deneen 2023, 151-185). 이러한 사상적 진화과정에서 드닌은 2019년 "비자유 민주주의"의 수호자를 자처하는 오르반 총리의 초청으로 헝가리를 방문하여, 그와 함께 탈자유주의 질서의 미래에 대해 논하는 등 해외의 권위주의 세력과 연대하는 모습까지 보였다. 특히 그는 오르반 치하의 헝가리가 "국가와 정치질서가 보수적 정책들을 적극적으로 증진할 수 있다는 것을 예시하는, 현대 자유주의에 맞서는 저항의 한 모델을 제공해준다"고 상찬하였다(Ward 2023).

III. "체제 전환" 이후의 미국

많은 신우파 세력들과 마찬가지로 밴스의 세계관 근저에는 미국문명이 "쇠퇴"하고 있다는 종말론적 공포가 자리 잡고 있다. 실제로 그는 미국의 현재 모습이 기원전 1세기 로마 공화국 말기 상황과 유사하다고 평가한 바 있다. 그런데 더 큰 문제는 이러한 미국 사회의 정체stagnation와 타락 상태를 해결할 의지와 능력이 기성 정치계급에게는 부재하다는 사실에 있다. 따라서 앞서 드닌의 견해처럼 새로운 정치세력에 의한 근본적인 "체제 전환"이 필요하다는 결론에 다다를 수밖에 없다. 이런 맥락에서 신우파들은 트럼프의 집권이 광범위한 포퓰리스트 민족주의 혁명—역사의 순환을 다시 가동시키는 작업—의 첫걸음을 떼었을 뿐이라고 생각한다. 이제 막 시작된 이 MAGA 혁명을 더욱 급진화해 미국 사회 전반의 재구조화를 이끌어가야만 하는 것이다. 때문에 밴스는 자신의 프로젝트가 향후 수십 년이 소요될 장기적 과제라고 설명한다(Ward 2024a).

이하에서는 밴스와 함께 상원에서 그의 강력한 우군인 조시 홀리 Josh Hawley, R-MO의 주요 언설들을 전거로 삼아 탈자유주의 세력이 과연 장기적 과제수행을 통해 실현하려는 미래 미국의 모습은 무엇인지를 분야별로 살펴 보고자 한다.

1. 포퓰리스트적 민족주의: 우리 vs 그들의 분할

1) 반엘리트적 엘리트주의

총론적 차원에서 신우파 세력은 포퓰리즘의 정의에 따라 이분법적 세계관을 가지고 있다. 즉, 세상 사람들을 "악당"과 "희생자"로 나누어 설명한다. 한쪽 편에 "미국에서 제외되고 잊혀진 곳", "작은 마을들"에 살고 있는 순수한 근로 인민이 존재한다면, 다른 편에는 이들을 착취하며 억압하는 국내("미국 지배계급", "부패한 워싱턴 내부자들", "월스트리트 귀족들", "다국적 기업들")와 국외("중국 공산당", "수백만 명의 불법 이미자들")의 수많은 악당villain들이 도사리고 있다(Vance 2024). 이처럼 선명한 내집단과 외집단, 자아와 타자의 구분과 적대를 통해 MAGA 운동은 자신의 포퓰리즘적 에너지를 축적하게 된다.

2021년의 한 인터뷰에서 밴스는 엘리트 사회의 실상에 대해 각성하게 되는 과정을 "빨간약을 먹은 것redpilled"에 비유하였다. 그 깨달음을 통해 현재 미국에서 인민은 거의 아무런 힘도 갖고 있지 못하며, 모든 권력은 "과두정oligarchy"이 독점하고 있음을 알게 되었다고 한다. 이에 맞서 싸우려면 꽤나 과격하고 극단적으로 행동해만 할 텐데, 이는 기성 보수우파들이 불편해 하는 방식이 될 것이다(Konstantinou 2024).

이 같은 공화국 말기적 상황이 초래된 것은 트럼프 집권 전까지 미국의 통치계급이 계속해서 자신들의 사익만 앞세우다 국정수행에 참담하게 실패해 왔기 때문이다. 가령, 기득권층의 대표 인사인 바이든은 자신의 정치 커리어 내내 북미자유무역협정North American Free Trade Agreement: NAFTA 창설, 중국의 세계무역기구World Trade Organization: WTO 가입, 이라크 전쟁 개전 등과 같은 재앙적 정책들을 지지했었고, 이런 식으로 엘리트 계층의 이익만 챙기는 잘못된 결정들의 대가는 온전히 평범한 미국인들이 치러왔다(Vance 2024). 이런 구조적 모순을 타파하기 위해서는 무엇보다 트럼프의 개혁을 가로막아 온 이른바 "심층 국가Deep State" 혹은 "행정 국가Administrative State"의 해체가 필요하다. 이에 밴스는 트럼프가 재집권할 경우 연방 기관들의 재편을 우선시해야 한다고 주장했다. 다시 말해 2기 행정부에서는 모든 중간급 관료들, 행정 국가의 공무원들을 해고한 후 그 빈자리를 "우리 사람들"로 채워 넣어야 하며, 만약 이 과정에서 법원이 훼방을 놓는다면 과거 앤드루 잭슨Andrew Jackson이 그러했듯 이를 무시해 버려야 한다고 발언했다(Konstantinou 2024).

이 지점에서 한 가지 주목되는 것은 밴스의 기득권층 비판이 기성 좌우 스펙트럼의 구분선에 구애받지 않는다는 점이다. 오히려 그는 기존 공화당 지도부마저 "자유주의 체제liberal regime"의 일부로 간주하면서, 시장 근본주의와 해외 개입주의 사조에 찌든 리버럴 엘리트들과 그들이 구축해 놓은 체제 전체에 반대하는 혁명적 변화를 촉구한다. 이런 맥락에서 왜 밴스가 종종 엘리자베스 워런Elizabeth Warren 등 민주당 좌파와 입법활동 과정에서 협력적 관계를 맺어 왔는지를 이해할 수 있다. 이는 그들이 모두 대자본의 특별이익에 대한 비판이라는 문제의식을 공유하기 때문이다. 밴스는 워런이 비록 이념적으로 자신과 극과 극인 골수 좌파이지만, 미국 사회가 근본적으로 망가졌다는 점을 인식하고 고민하는 인물이기 때문에 때때로 함께 협력할 여지가 있다고 평가한다(Ward 2024a).

2) 백인기독국가의 복원

한편, 국가 정체성 정치의 차원에 있어 탈자유주의 우파세력은 바이든-해리스 진영의 "신조적 민족creedal nation" 개념에 대한 안티테제를 제시하고자 한다. 바이든은 오랜 주류 자유주의적 전통에 따라 미국을 "하나의 관념America is an idea," "세계역사상 가장 강력한 관념most powerful idea in the history of the world"으로 정의했으며, 생명, 자유, 행복 추구의 권리를 "자명한 진리"로 받아들인다는 독립선언문의 핵심문구를 반복해 인용한 바 있다(Biden 2019; 2024a; 2024b).

이와 대조적으로 밴스는 자신의 부통령 후보 지명수락 연설을 통해 미국이라는 나라와 미국인의 의미를 "조국homeland"과 "민족nation" 개념으로서 구획지었다. 급진 우익의 노선에 잘 부합하게, 그에게 있어 미국이란 추상적인 일련의 "관념"이나 "원칙"이 아닌"American is not just an idea," "공유된 역사와 공통된 미래를 가진 사람들의 집단"이다. 특히 흥미로운 것은 밴스가 이 집단 정체성의 성격을 부연설명하기 위해 동부 켄터키주 애팔래치안 산맥에 위치한 본인 가문의 선산先山을 예로 들었다는 점이다. 그의 설명에 따르면 남북전쟁 시기부터의 조상들이 대를 이어 그곳 공동묘지에 안장되어 왔으며, 자신 부부와 자식들까지 묻히게 되면 7대가 한곳에 모이게 된다고 한다(Vance, 2024). 근본적으로 혈연과 장소의 공동체—"피와 땅blood and soil"—로서 민족 정체성을 규정하는 근대 유럽식의 내셔널리즘이 밴스의 정치사상에 짙게 깔려 있음을 짐작할 수 있다(Luce 2024).

이와 유사한 맥락에서 홀리 상원의원은 2024년 7월 "전국 보수주의 회의National Conservatism Conference" 연설을 통해 기독 민족주의를 옹호하였다. 그에 따르면 미국은 애초에 기독교의 이상을 추구한 청교도들이 건설한 사회로서 아우구스티누스St. Augustine의 신국City of God 비전이 "언덕 위의 도시City on a Hill" 형태로 현실화된 것이다. 더구나 제한정부론, 양심의 자유, 인민주권 같은 미국 민주주의 핵심 원칙들도 모두 기독교 민족주의의 유산이라고 주장한다. 문제는 오늘날 이런 미국의 민족적 정수가 좌우 모두로부터 공격받고 있다는 사실에 있다. 진보파는 익히 알려진 것처럼 기독문명을 과거로부터의 낡은 족쇄취급을 하며 그것을 좌파 다문화주의 이념으로 대체해 버리고자 시도해 왔다. 그런데 정작 더 큰 문제는 우파 엘리트들에게 있는데, 이들이 지난 30년 동안 기독교 전통을 등한시하고 신자유주의나 세계화 같은 세속적 이념에 잠식되어 버렸다. 이에 반해 홀리는 결혼해서 아이를 키우고, 주일에 교회를 나가는 미국인들이야말로 보수 진영의 진정한 중추라고 강조하면서, 공화당이 미국에 제시할 미래 청사진은 오로지 기독 민족주의 전통 하나뿐이라고 주장한다(Hawley 2024).

트럼프 캠프가 대선 기간, 반이민 토착주의nativism에 입각해 오하이오주 스프링필드에서 아이티 출신 이민자들이 애완동물을 먹고 있다는 가짜뉴스를 살포했다든지, 민주당이 기성 백인 유권자를 대체해 버리려고 국경을 일부러 개방해 자신들을 지지해 줄 유색인 유권자들을 데려온다는 식의 소위 "거대한 교체Great Replacement" 음모론을 퍼트린 것은, 이상의 종족종교적 민족ethnoreligious nation 관념의 소산이라고 볼 수 있다(Serwer 2024).

2. "사적" 영역에서 "전통"의 복귀와 "미덕"의 증진

고대적인 공사 구분법을 따랐을 때, 사적 영역에 속하는 경제와 가족(/젠더)관련 정책영역에서 신우파는 트럼프와 꽤나 선명하게 구분되는 면모를 나타낸다. 트럼프에 비해 이들이 훨씬 교조적으로 반근대, 반자유주의, 전통주의 등으로 개념화되는 반동적 가치관을 체계화시키고 있기 때문인데, 바로 이 지점이 신우파가 기성 MAGA 운동을 확연히 "급진화"시키는 포인트라고 볼 수 있다. 기실 이 사적 영역에 있어 트럼프는 전혀 사회보수주의적 원칙을 강조할 입장에 있지 못하다. 잘 알려진 것처럼 그 자신의 경제적 치부과정이나 여성관계 등에 있어 트럼프의 삶의 궤적은 사법적 단죄의 영역에 근접해 있기에, 고전적 덕성과는 너무나도 거리가 멀다. 반면, 밴스나 홀리 같은 탈자유주의 세력은 스스로의 개인적 삶에서부터 공공정책에 이르기까지 "원리주의적"으로 경제와 가족의 문제에 접근하는 경향이 두드러진다.

1) "보수적 사회 민주주의" 경제학

경제정책 노선에 있어 공화당의 통설orthodoxy에 변화를 가하기 시작한 것은 물론 트럼프이다. 2016년 대선에서 본래 민주당 지지 성향이 강했던 러스트 벨트 지역 저학력 백인노동계급의 표를 획득해 "블루 월Blue Wall"을 돌파할 수 있었던 것은, 그간 주류 정치권, 특히 "신민주당" 시기 우경화한 리버럴들에 실망한 이들에게 새로운 정치경제적 대안을 제시한 것이 주효했다(Berman 2023; Posner 2024b; Zelizer 2024). 그러나 집권 후 실행된 트럼프의 경제정책을 살펴보면, 대외영역에서는 대규모 관세 부과 등 보호무역주의를 관철해 기성 자유무역노선에서 이탈하는 데 성공했지만, 대내부문에서는 사실상 신자유주의 기조가 지속되었다. 자신의 반엘리트 레토릭과 달리 큰 폭의 법인세 감세를 단행하는 등 기성 공화당의 친대기업 입장을 고수했던 것이다(Scheiber 2024; Posner 2024a). 소위 "금권적 포퓰리즘plutocratic populism"이라는 비판을 피할 수 없었던 지점이다(Sandel 2023, 364-365).

이와 대조적으로 신우파 그룹은 반자유방임주의 노선을 명확히 해왔는데, 아마리는 이들이 "보수적 사회민주주의"의 본능—사회문화적 가치에서는 보수적이지만, 경제적으로는 좌파적인 경향성—을 지녔다고 평가한다(Ahmari 2024a). 특히 원칙적 차원에서 반독점과 친노조 입장을 고수한다는 점에서 탈자유주의 우파는 기성 친기업, 반노조 스탠스의 레이건주의적 공화당은 물론 티파티로 대변되는 자유지상주의적 포퓰리즘과도 대척점에 서 있다. 신우파 세력의 확장에 따라 공화당의 미래를 둘러싼 가장 치열한 경합이 경제정책 패러다임을 놓고 벌어질 전망이다.

실제 입법활동에서도 신우파 의원들은 워렌D-Mass., 셔러드 브라운Sherrod Brown, D-OH, 라파엘 워녹Rafael Warnock, D-GA 민주당 의원들과 함께 세금으로 구제금융을 받은 은행의 경영진 보너스를 회수하는 법안, 철도산업의 과잉 효율성 추구를 제어하는 법안, 인슐린 가격인하 법안 등 좌파적 의안을 공동 발의해 왔다. 정치경제적 개혁문제에 있어서는 "초당적" 행보를 마다하지 않아 온 셈이다(Ahmari 2024b). 또한 이들은 2023년 전미자동차노조United Auto Workers: UAW의 파업을 공개 지지하였으며, 미국에서 가장 크고 오래된 노조 중 하나인 국제 트럭 운전자 연대"Teamsters"의 위원장이 2024년 7월 공화당 전당대회에 나와 사상 최초로 연설하는 것을 지원하기도 하였다.

2) 가부장제 2.0

트럼프의 반여성적 언사가 무지막지한 원초적 마초성의 표현인 것에 반해, 신우파는 철학적 수준에서 성차별주의를 체계적으로 구성해 오고 있다(Field 2024). 즉, 밴스는 단순히 성차별적 발언을 일삼거나 여성관련 추문을 일으키는 수준이 아니라 정치적 의제로서 "전통적" 가족과 성역할을 부활시키려는 신우파의 구상을 대변한다(Lewis 2024). 더 깊은 차원에서 보면, 이들의 신가부장적 어젠다 설정은 국가가 적극적으로 도덕적 가치를 규정하고 이를 사회에 부과해야 한다는 탈자유주의(/통합주의) 사상에 근거한 것으로, 미국 사회의 도덕적 재건이라는 미션을 추구한다(Beauchamp 2024a).

이들은 오직 자기실현과 개인적 만족만을 최우선시하는 자유주의적 개인주의와 그 파생물인 페미니즘과 LGBT 사상 등의 범람이 가족의 위기를 불러왔으며, 그 위기의 가시적 결과물이 출산율 하락이라고 생각한다. 신우파 세력이 이러한 미국 사회의 인구학적 붕괴위기의 해법으로 제시하는 것은 바로 "전통적"인 남녀 이분법적 성역할의 부활, 나아가 "신가부장제neopatriarchy"적인 가족모델의 복원이다. 즉, "전통적 부인tradwife"의 이미지에 따라 여성의 역할은 출산과 돌봄으로 귀착되어야 하고, 남성은 가장으로서 가족을 부양하는 의무를 이행해야 한다(Beauchamp 2024b).

가령, 밴스는 "하나의 중산층 일자리로 충분히 가족을 부양하고 존엄을 유지하며 좋은 삶을 살 수 있는 권리를 위해 싸워야 한다"고 주장하는가 하면, 자신의 이상이 실현된다면, "내 아들이 성장하면서 그의 남성다움—가족과 공동체에 대한 지지, 공동체에 대한 사랑—이 맥킨지에서 일하는지 여부보다 더 중요한 세상에서 살게 될 것"이라고 발언하였다(Field 2024). 다른 한편, 홀리는 한 걸음 더 나아가 "미국이 필요로 하는 남성적 덕성"을 탐구하기 위해 고대신화와 성경까지 그 계보를 추적해 들어간다. 그는 현대 사회가 남성성을 위협함으로써 남성들이 자신의 올바른 역할 모델을 상실한 채, 스스로의 본능과 성향을 부정적으로 바라보게 되는 지경에 이르렀다고 진단한다. 그러므로 "일리아드"와 "오디세이"에 등장하는 영웅들, 성경 속의 다윗과 같은 성군의 이야기들을 통해 용기, 절제, 책임감, 성실, 자기희생 같은 남성적 덕목을 재발견해야 할 필요성이 있다고 설명한다. 그리고 이런 건강한 남성성의 회복을 통해 남성들이 다시금 사회의 기둥이 됨으로써 현대 미국의 여러 사회적 혼란과 문제들이 해결될 수 있다고 주장한다(Hawley 2023).

보다 구체적인 정책적 차원에서 이들은 헝가리의 오르반 정부를 롤모델처럼 여기는데, 헌법 개정을 통한 동성결혼 금지, 결혼한 부부에게 자녀 수에 비례해 혜택을 제공하는 출산장려정책 등을 통해 전통적인 가족중심의 가치를 증진시키는데 성공했다고 평가한다(Field 2024). 이런 맥락에서 밴스는 사람들이 "속옷을 갈아입듯 배우자를 바꾸는" 세태를 비판하면서 무과실 이혼no-fault divorce 금지, 자녀가 없는 사람들에 대한 중과세, 아이를 낳은 가정에 투표권 가중부여 등의 정책을 제시한다. 결혼을 안하고 자녀가 없는 성인들에게 패널티를 주려는 구상인 셈이다(Beauchamp 2024b). 부통령 후보 지명 후 알려져 큰 논란을 낳았던 밴스의 "자식없는 캣맘childless cat ladies" 발언은 이런 점에서 볼 때 단순한 말실수가 아니었다. 아이를 낳지 않는 여성은 나라의 미래에 대해 고민하지 않고 책임지지 않는 존재이기에, 국가운영의 자격이 없다는 논리가 그의 사고근저에 깔려 있었기 때문이다(Lewis 2024).

IV. 결론

현재 미국 사회에서 탈자유주의적 방향성은 하나의 시대적 흐름이라고도 볼 수 있다. 거의 모든 차원에서 자유주의적 근대성의 최첨단을 상징해 온 미국의 주류 정치공간에 반근대, 반자유주의를 표방하는 전통주의 또는 원리주의 세력이 부상한 것은 매우 이례적인 상황이다. 물론 밴스가 대변하는 MAGA 운동세력의 급진적이고도 권위주의적인 모습이 경계심을 불러일으키는 것은 엄연한 사실이다. 그러나 그럼에도 불구하고 신자유주의적 세계화 과정에서 배제되고 망각되어버린 백인노동계급에 대한 관심은 혼돈에 빠진 미국의 미래모색에 있어 귀담아들을 만한 문제제기이다. 다시 말해, 어찌 되었든 트럼프 시대의 공화당은 기성 신자유주의 컨센서스가 불러온 후과에 대한 비판 및 대안을 자신 나름의 방식으로 제시했다는 점에서—그에 대한 찬반여부와 무관하게—평가할 지점이 있다.

그런 점에서 오히려 반대진영인 민주당에서 아직까지도 탈자유주의 우파에 비견될만한 본격적인 주류 세력 교체 과정이 나타나지 않았다는 사실이 주목된다. 2016년 대선 캠페인 와중에 트럼프 지지자들을 "개탄할만한 자들deplorables"로 비하했던 힐러리 클린턴Hillary Clinton이나, 이번 대선에서 마찬가지로 그들을 "쓰레기garbage"로 지칭한 바이든의 무신경은 반성하지 않는 리버럴 엘리트의 면모를 있는 그대로 내비친 것이다. 그리고 이런 무반성이 현재 패배해 버린 민주당의 한계선을 형성하고 있다. 자신들도 공화당 주류와 함께 수십 년간 신자유주의 지구화 프로젝트를 추구하여 경제 양극화를 야기하였고, 이로 인해 극우 포퓰리즘의 길을 닦는데 공모했다는 사실을 인정해야만 하는데, 단순히 MAGA 진영을 "이상하다weird"는 식으로 밀어붙여서는 진보적 개혁정치 대신, 자신의 지지층만을 격동시키는 부족주의 정치에 머물고 말 것이다(Sandel 2024; Stephens 2024).

물론, 기성 자유주의 합의에 수정이 필요하다는 목소리는 민주당의 정책에도 일정 부분 반영된 바 있다. 특히 바이든 행정부가 뉴딜 혁명의 추억을 소환하며 워싱턴 컨센서스의 극복을 추구해 온 동시에, 알렉산드리아 오카시오-코르테스Alexandria Ocasio-Cortez 하원의원 등으로 대표되는 젊은 좌파블록도 민주적 사회주의와 같은—오랫동안 미국사에서는 주변화되었던—비미국적(혹은 북유럽적) 노선을 모색 중이어서 눈길을 끈다(Lipsitz 2023). 최근 민주당 주류를 깜짝 놀라게 만든 대학가의 친팔레스타인 시위가 예시해 주듯, 향후 밀레니얼 세대의 반기득권적 여론이 어느 정도까지 성장할지 여부에 따라 왼쪽으로부터의 탈자유주의 패러다임도 모멘텀을 얻을 가능성이 있다.

루이스 하츠Louis Hartz의 고전적 정의에 따르면, 미국은 늘 로크적 자유주의가 전일적으로 지배해 온 상상의 공동체였다(Hartz 2012). 그런 면에서 좌우 스펙트럼 모두에서 움트고 있는 탈자유주의적 사조의 도전은 미국의 근원적 정체성 자체를 뒤바꿀 수 있는 미국사의 유례없는 국면이라 할 수 있다. 21세기 미국내 사회세력간 경합의 결과는 미국뿐만 아니라 자유국제질서 전체에 커다란 파급효과를 가져올 것이란 점에서 우리는 어떤 의미에서건 세계사적 계기를 경유하고 있는 셈이다.

이 장은 『국제·지역연구』33권 4호(2024)에 게재된 "체제 전환? 탈자유주의 우파의 대두와 미국의 미래"를 축약수정한 것임.

참고문헌

손병권. 2024. 『티파티 운동과 위대한 미국 운동: '리얼 아메리카'의 회복을 위한 저항운동』. 서울: 서울대학교출판문화원.

Ahmari, Sohrab. 2024a. "Hillbilly energy." *New Statesman*, July 15. https://www.newstatesman.com/ns-interview/2024/07/hillbilly-energy (검색일: 2024.11.4.).

_____. 2024b. "JD Vance is Republicans' Best Chance to Reclaim the Political Center." *New York Post*, July 17. https://nypost.com/2024/07/17/opinion/jd-vance-can-help-republicans-reclaim-the-political-center/ (검색일: 2024.11.4.).

Beauchamp, Zack. 2024a. "Where J.D. Vance's Weirdest Idea Actually Came From." *Vox*, July 30. https://www.vox.com/politics/363473/jd-vance-weird-voting-parents-demeny-postliberalism (검색일: 2024.11.4.).

_____. 2024b. "The Right's Plan to Fix America: Patriarchy 2.0." *Vox*, August 13. https://www.vox.com/politics/366601/the-rights-plan-to-fix-america-patriarchy-2-0 (검색일: 2024.11.4.).

Berman, Sheri. 2023. "Why the U.S. Right Doesn't Like Free Markets Anymore." *Foreign Policy*, April 3. https://foreignpolicy.com/2023/04/03/us-right-economic-policy-gop-free-markets/ (검색일: 2024.11.4.).

Biden, Joe. 2019. "Joe Biden: America Is an Idea." *The Washington Post*, April 25. https://www.washingtonpost.com/video/politics/joe-biden-america-is-an-idea--campaign-2020/2019/04/25/c51995dc-818c-4e2a-8965-033042973a54_video.html (검색일: 2024.11.4.).

_____. 2024a. "Remarks by President Biden in Statement to the American People." *The White House*, July 24. https://www.whitehouse.gov/briefing-room/speeches-remarks/2024/07/24/remarks-by-president-biden-in-statement-to-the-american-people/ (검색일: 2024.11.4.).

_____. 2024b. "Remarks by President Biden During Keynote Address at the Democratic National Committee Convention, Chicago, IL." *The White House*, August 19. https://www.whitehouse.gov/briefing-room/speeches-remarks/2024/08/19/remarks-by-president-biden-during-keynote-address-at-the-democratic-national-committee-convention-chicago-il/ (검색일: 2024.11.4.).

Boorstein, Michelle. 2024. "JD Vance's Catholic Conversion Is Part of Young Conservative Movement." *The Washington Post*, July 29. https://www.washingtonpost.com/nation/2024/07/29/jd-vance-religion-catholic-republican-vp/ (검색일: 2024.11.4.).

Deneen, Patrick. 이재만 역. 2019. 『왜 자유주의는 실패했는가: 자유주의의 본질적인 모순에 대한 분석』. 서울: 책과 함께.

_____. 2021. "A Tyranny without Tyrants?" *American Affairs Journal* 5, 1.

_____. 2023. *Regime Change: Toward a Postliberal Future*. London: Forum.

Elie, Paul. 2024. "J.D. Vance's Radical Religion." *The New Yorker*, July 24. https://www.newyorker.com/news/daily-comment/j-d-vances-radical-religion (검색일: 2024.11.4.).

Field, Laura K. 2024. "JD Vance Has a Bunch of Weird Views on Gender." *Politico*, July 24. https://www.politico.com/news/magazine/2024/07/24/jd-vance-gender-views-00170673 (검색일: 2024.11.4.).

Hartz, Louis. 백창재·정하용 역. 2012. 『미국의 자유주의 전통: 독립혁명 이후 미국 정치사상의 해석』. 서울: 나남.

Hawley, Josh. 2021. *The Tyranny of Big Tech*. Washington, D.C.: Regnery Publishing.

_____. 2023. *Manhood: The Masculine Virtues America Needs*. Washington, D.C.: Regnery Publishing.

_____. 2024. "Christian Nationalism Founded American Democracy." *The Daily Signal*, July 9. https://www.dailysignal.com/2024/07/09/sen-josh-hawley-america-founded-on-christian-nationalism/ (검색일: 2024.11.4.).

Klein, Ezra. 2024. "Transcript: Ezra Klein on the V.P. Debate." *The New York Times*, October 2. https://www.nytimes.com/2024/10/02/podcasts/transcript-ezra-klein-vp-debate.html (검색일: 2024.11.4.).

Konstantinou, Lee. 2024. "The Gods of Silicon Valley." *Arc: Religion, Politics, Et Cetera*, September 24. https://arcmag.org/the-gods-of-silicon-valley/ (검색일: 2024.11.4.).

Lewis, Helen. 2024. "J. D. Vance's Very Weird Views About Women." *The Atlantic*, September 11. https://www.theatlantic.com/ideas/archive/2024/09/j-d-vance-views-women/679773/ (검색일: 2024.11.4.).

Liedl, Jonathan. 2024. "JD Vance Is a Catholic 'Post-Liberal': Here's What That Means — And Why It Matters." *National Catholic Register*, July 24. https://www.ncregister.com/news/j-d-vance-is-a-catholic-post-liberal (검색일: 2024.11.4.).

Linker, Damon. 2024a. "The Post-liberal Catholics Find Their Man." *The Atlantic*, August 8. https://www.theatlantic.com/ideas/archive/2024/08/jd-vance-post-liberal-catholics-thiel/679388/ (검색일: 2024.11.4.).

_____. 2024b. "The Dead-Enders of the Reagan-Era GOP." *The Atlantic*, March 19. https://www.theatlantic.com/politics/archive/2024/03/donald-trump-ronald-reagan-republican-party/677800/ (검색일: 2024.11.4.).

Lipsitz, Raina. 권채령 역. 2023. 『미국이 불타오른다: 세상을 바꾸고 정치를 뒤흔드는 미국의 젊은 진보』. 파주: 롤러코스터.

Luce, Edward. 2024. "Trump, Vance and American Blood and Soil." *Financial Times*, September 18. https://www.ft.com/content/c40f5b90-3943-4bf2-91db-ca281d8877ac (검색일: 2024.11.4.).

Pogue, James. 2024. "Steve Bannon Has Called His Army to Do Battle-No Matter Who Wins in November." *Vanity Fair*, October 9. https://www.vanityfair.com/news/story/steve-bannon-nato-world-order (검색일: 2024.11.4.).

Posner, Eric. 2024a. "Is a Pro-Labor Republican Party Possible?" *Project Syndicate*, August 29. https://www.project-syndicate.org/commentary/republican-party-pro-labor-anti-free-market-can-it-last-by-eric-posner-2024-08 (검색일: 2024.11.4.).

_____. 2024b. "Why Many Workers Now Vote Republican." *Project Syndicate*, October 29. https://www.project-syndicate.org/commentary/why-many-american-workers-now-vote-republican-by-eric-posner-2024-10 (검색일: 2024.11.4.).

Sandel, Michael. 이양수 역. 2012. 『정의의 한계』. 고양: 멜론.

_____. 이경식 역. 2023. 『당신이 모르는 민주주의: 자본주의와 자유주의의 불편한 공존』. 서울: 와이즈베리.

_____. 2024. "How Kamala Harris Can Win." *The New York Times*, July 27. https://www.nytimes.com/2024/07/27/opinion/kamala-harris-strategy.html (검색일: 2024.11.4.).

Scheiber, Noam. 2024. "Can the G.O.P. Really Become the Party of Workers?" *The New York Times*, August 24. https://www.nytimes.com/2024/08/24/business/economy/labor-workers-republicans-trump-vance.html (검색일: 2024.11.4.).

Serwer, Adam. 2024. "J. D. Vance's Empty Nationalism." *The Atlantic,* July 19. https://www.theatlantic.com/politics/archive/2024/07/america-nation-or-idea-jd-vance-speech/679116/ (검색일: 2024.11.4.).

Stephens, Bret. 2024. "There's One Main Culprit if Donald Trump Wins." *The New York Times,* October 22. https://www.nytimes.com/2024/10/22/opinion/trump-kamala-harris-democrats.html (검색일: 2024.11.4.).

Vance, J.D. 김보람 역. 2017. 『힐빌리의 노래: 위기의 가정과 문화에 대한 회고』. 서울: 흐름출판.

_____. 2020. "How I Joined the Resistance." The Lamp, April 1. https://thelampmagazine.com/blog/how-i-joined-the-resistance (검색일: 2024.11.4.).

_____. 2024. "Read the Transcript of J.D. Vance's Convention Speech." *The New York Times,* July 18. https://www.nytimes.com/2024/07/17/us/politics/read-the-transcript-of-jd-vances-convention-speech.html (검색일: 2024.11.4.).

Wallace-Wells, Ian. 2024. "The Rise of the New Right at the Republican National Convention." *The New Yorker,* July 18. https://www.newyorker.com/news/the-political-scene/the-rise-of-the-new-right-at-the-republican-national-convention (검색일: 2024.11.4.).

Ward, Ian. 2023. "'I Don't Want to Violently Overthrow the Government. I Want Something Far More Revolutionary'." *Politico,* June 8. https://www.politico.com/news/magazine/2023/06/08/the-new-right-patrick-deneen-00100279 (검색일: 2024.11.4.).

_____. 2024a. "Is There Something More Radical than MAGA? J.D. Vance Is Dreaming It." *Politico*, March 15. https://www.politico.com/news/magazine/2024/03/15/mr-maga-goes-to-washington-00147054 (검색일: 2024.11.4.).

_____. 2024b. "The Seven Thinkers and Groups That Have Shaped JD Vance's Unusual Worldview." *Politico*, July 18. https://www.politico.com/news/magazine/2024/07/18/jd-vance-world-view-sources-00168984 (검색일: 2024.11.4.).

_____. 2024c. "Is There More to JD Vance's MAGA Alliance Than Meets the Eye?" *Politico*, September 13. https://www.politico.com/news/magazine/2024/09/13/jd-vance-new-right-political-movement-00177203 (검색일: 2024.11.4.).

Wilson, Jason. 2024. "Revealed: JD Vance Promoted Far-Right Views in Speech about Extremists' Book." *The Guardian*, August 22. https://www.theguardian.com/us-news/article/2024/aug/22/jd-vance-speech-extremist-far-right-book (검색일: 2024.11.4.).

Zerofsky, Ellsabeth. 2023. "How the Claremont Institute Became a Nerve Center of the American Right." *The New York Times*, June 15. https://www.nytimes.com/2022/08/03/magazine/claremont-institute-conservative.html (검색일: 2024.11.4.).

4

산업정책 논쟁으로 본 2024 미국 대선

정영우 | 인천대학교

"우리는 그들에게 일관된 메시지를 전달해왔습니다. 우리는 국내에서 변명하지 않고 산업 전략industrial strategy을 추구할 것이지만, 우리의 파트너들을 배제하지 않겠다는 것을 확고하게 약속합니다. 우리는 우리 파트너들이 우리의 산업전략에 함께하길 바랍니다. 사실 우리는 산업전략의 성공을 위해 우리 파트너들이 반드시 우리와 함께해야 한다고 믿습니다."

바이든 행정부 국가안보보좌관 제이크 설리번(Jake Sullivan),
브루킹스 연구소에서의 연설 중에서(Sullivan 2023)

"바이든Joe Biden은 그의 민주당 선임자들보다 더 적극적으로 산업정책을 추진해왔습니다. 그러나 증거에 따르면 그는 여전히 월스트리트, 베이징, 그리고 환경단체의 로비에 사로잡혀 있는 것으로 보입니다. 보수주의자들의 과제는 새로운 방향을 설정하는 것입니다. 하지만 단순히 중국에 주도권을 넘겨주지 않고 새로운 방향을 설정하는 일을 하기 위해서는 우리는 결코 산업정책을 포기해서는 안 됩니다. 오히려, 진정한 보수적인 통찰력으로 산업정책을 강화해야 합니다."

플로리다주 상원의원 마르코 루비오(Marco Rubio) ― 트럼프 2기 국무부 장관 예정자, 워싱턴포스트 사설 투고 중에서(Rubio 2024a)

I. 서론: 21세기 미국 산업정책의 등장?

자유시장경제의 모델로 여겨지는 미국에서 산업정책industrial policy이라는 용어는 미국정치 속 여전히 논쟁적인 표현이다. 2023년 4월, 바이든 행정부의 제이크 설리번 국가안보보좌관은 브루킹스 연구소Brookings Institution에서 바이든 행정부가 취했던 정책이 '현대화된 산업정책a modern industrial policy'이었다고 자평하며 이 표현을 사용하기도 했다(Sullivan 2024). 설리번이 곧 있을 대통령 선거를 앞둔 시점에서 바이든 행정부의 정책 유산을 강조하며 바이든 대통령의 후보직을 승계한 해리스에게 힘을 실어주기 위해 다소 과장된 표현을 사용했을 가능성을 고려하더라도, 그동안 사회정책의 측면에 국한하여 큰 정부를 지향한 민주당의 정책 입장에서 보면 이러한 레토릭rhetoric 상의 변화는 최근 10년 동안 미국 정치의 지형에서 일어났던 변화를 짐작하게 한다.

미국의 산업정책이라는 표현은 미국정치 전문가가 아닌 평범한 식자층에게도 어색한 표현으로 다가올 수 있다. 그 이유는 미국이라는 국가가 시장중심market-oriented 경제정책을 통해 부를 축적한 국가로 대중들에게 알려져 있기 때문이다. 실제로 미국은 2차 세계대전 이후 자유무역질서의 구축과 유지를 위해 막대한 양의 자원을 쏟아 붓기도 하였다. 주지하다시피 세계무역기구World Trade Organization: WTO와 국제통화기금International Monetary Fund: IMF 등 세계화를 이끌었던 국제기구들은 미국의 강력한 의지와 리더십이 없다면 존재할 수 없었을 것이다. 특히 1992년 "바보야, 문제는 경제야It's the economy, stupid"라는 슬로건으로 당선된 민주당의 클린턴Bill Clinton 대통령 이후로는 민주당과 공화당을 막론하고, 연방정부 차원에서 자유무역 정책의 기조 하에 금융 자유화를 위해 규제 완화를 추진하고, 최첨단 산업으로의 지원이 국가 정책 기조로 자리 잡은 것으로 보인다.

하지만 이러한 추세는 영원히 지속되지 않았다. 클린턴 대통령(1993-2000)이 8년의 임기를 통해서 민주당을 자유무역의 정당으로 바꾼 지 20여년이 지난 후 등장한 트럼프 행정부는 인종주의적 수사로 중남미에서 유입되는 이민자들이 미국에 정착하는 것을 전례 없는 수준으로 규제했고, 그들을 잠정적 범죄자로 취급하여 관리했다. 동시에 멕시코와 국경을 면한 주에 큰 장벽을 건설하는 등 이전 행정부에서는 시도하지 못했던 정책들을 실현했다. 무역정책에서도 트럼프 행정부는 이전의 행정부와 달랐다. 트럼프 대통령은 의회를 경유하지 않고 주로 행정명령에 의존하여 자유무역이라는 정책 기조 하에서는 시도될 수 없었던 여러 보호주의 정책들을 과감히 추진했고, 미국 기업들과 미국 노동자들을 보호한다는 주장을 내세웠다. 첨단 기술 분야에서도 틱톡TikTok과 같은 중국이 소유한 기업이 소셜 미디어 플랫폼을 제공함으로써 미국인들의 개인정보를 쉽게 수집하고 이용하는 것을 못하도록 강력한 규제를 시행하기도 했다.

미국 안팎에서는 이 같은 변화가 트럼프 대통령의 개인적인 정치 성향과 정책선호에서 비롯된 일인지, 이미 미국 사회에서 진행된 구조적인 변화 속에서 대중들의 집단적인 정책 선호의 변화를 반영하는 것인지에 대해서 여러 주장들이 제기됐다. 여러가지 해석들이 분분한 가운데 대다수의 대중들과 정치 전문가들이 동의할 수 있었던 점은 트럼프 행정부가 보여준 정책 패키지가 2016년 이후의 미국 대중들에게는 큰 설득력을 가지고 있으며, 이것이 중간 선거 및 대통령 선거의 투표장에서 안정적으로 트럼프주의를 계승한 사람들이 대다수 높은 지지율을 받는 현상으로 설명된다는 것이다.

그러나 2020년 선거에서는 코로나-19COVID-19에 대한 트럼프 행정부의 미흡한 대응에 불만을 품은 대중들이 민주당의 후보 바이든을 선택하며 민주당이 다시 백악관을 차지하는 결과를 낳았다. 트럼프 1기를 경험하며 예전에는 생각할 수 없었던 파격을 경험하며 동맹국과 미국의 자유주의 질서에 의존하였던 동맹국들은 과거의 질서가 다시 복원될 것이라고 기대했을지도 모른다. 바이든 당선자는 민주당의 여러

계파들 간의 입장차이를 능숙하게 조율했던 경험 많은 정치인이자 오바마 대통령을 든든하게 뒷받침했던 부통령 출신이기 때문에, 2016년 대선 패배를 반복할 수 있다고 우려했던 민주당원들에게는 안정적인 선택지로 여겨졌다.

주지하듯 바이든 행정부는 트럼프 행정부 1기에 시행되었던 여러 보호무역 정책들을 폐기하보다는 거의 대부분 계승했다(Lighthizer 2023, Introduction). 어쩌면 조 바이든은 정치 신인 도널드 트럼프가 어떻게 공화당의 외부에서 핵심을 장악하며 결국 미국 정치에서 최정상에 올랐는지를 면밀히 벤치마킹benchmarking했을지도 모른다. 트럼프는 티파티 운동Tea Party movement의 핵심 주장인 작은 정부론, 균형 재정 등의 원칙을 받아들이지만, 이에 그치지 않고 포퓰리즘과 뒤섞인 백인 민족주의white nationalism를 내세워 러스트 벨트Rust Belt 지역에서 제조업이 장기적으로 침체되어 있는 문제를 포함하여 특정 지역에 경제적 곤궁이 집중된 문제, 마약 문제 등 다양한 미국 사회의 문제들을 단순하지만 명쾌하게 진단했다.

트럼프가 지목한 거의 모든 문제들의 원인은 "우리"에 있지 않고 우리의 선의를 악용한 "그들"에게 있었으며 이 전략은 선거에서 대중들을 설득할 매우 유용한 도구였다. 트럼프 지지자들로서는 트럼프와 같은 정치의 외부자outsider가 아니면 누가 나서서 과거 정치 관행을 무시하고 연방정부를 이용해서 그 동안 자유무역 원칙이라는 말로 묵인되었던 불공정한 거래를 중단시키고 미국에게 부당이익을 챙겼던 세력들에게 체벌을 가할 것인지 의문이었을 것이다. 또한, 미국 사회에서

빈부의 차가 더 커질수록 중산층 유권자들에게 치안을 강화하고 사회질서를 유지하는 것은 더욱 시급한 과제로 다가오는데, 이에 대해서 트럼프는 명쾌한 진단과 해답을 제공해준다. 즉, 정부의 한정된 재원을 축내는 복지의존층과 불법적으로 국경을 넘어 미국 사회에 정착하는 불법이민자들the undocumented로부터 문제가 비롯된 것이기 때문에 결국 이들을 기존 법률체계에서 허용된 수준보다 더 철저하게 규율하고 격리하는 것이다.

결국 바이든 행정부와 민주당은 2020년 대통령 선거의 승리 이후에도 확실한 동원mobilization 효과를 갖는 트럼프의 통치 원리와 선거전략에 어떻게 대응할 것인가를 두고 심각하게 고민했던 것으로 추정된다. 가장 쉬운 방법은 트럼프 1기 행정부의 정책들을 그대로 존속시키는 것이다. 이는 바이든 행정부가 무역정책 영역에서 트럼프 1기 행정부 시기에 도입된 여러가지 보호주의 장치들을 같은 행정명령을 통해 폐기하지 않고 그대로 존속시켰다는 사실로 뒷받침된다.

하지만 바이든 행정부는 보호주의 무역정책을 존속하거나 확대하는 것에 그치지 않았다. 바로 이 글의 주제인 산업정책에 해당하는 정책들을 입법과정을 통해 도입한 것이다. 2020년의 선거 이후 하원에서 민주당은 222석을 차지하며, 213석에 그쳤던 공화당에 근소한 의석 수 차이를 만들며 바이든 행정부와 협력하여 입법 활동을 할 수 있었고, 상원에서는 공화당이 50석으로 매우 근소한 우위를 점하였다. 이러한 상황에서 민주당은 하원의 다수결을 이용하여 인플레이션 감축법Inflation Reduction Act: IRA을 통과시키고 결국 상원에서 민주당과 뜻을 함께하는 두 명의 인디펜던트Independent 상원의원을 포섭함으로써 50:50의 교착상태를 만들었다. 이러한 상황에서는 부통령이 팽팽한 균형을 깨는 의사결정을 내릴 권한을 갖게 되고, 결국 당시 부통령인 해리스가 민주당의 산업정책 안을 지지함으로써 바이든 행정부는 중간선거 전인 2022년 여름에 반도체와 과학법CHIPS and Science Act과 IRA를 통과시킬 수 있었다.[1]

두 법안의 통과로 바이든 행정부는 전례 없는 방식으로 연방정부의 공적 자금을 시장에 투입할 수 있는 근거를 마련하게 되었다. 즉, 바이든 행정부는 시장에 개입하는 근거를 현 시점에서 친환경 에너지clean energy를 이용하여 화석연료 중심의 산업구조를 변화시키는 것이 시급하다는 논리에서 찾았다. 또한, 트럼프 1기 행정부에서부터 시작된 중국과의 무역전쟁 속, 반도체 부문과 전기차 부문을 포함한 최첨단 산업 영역에서 미국 제조업의 생존을 위한 안정적인 공급망을 확보할 목적으로 법안을 구성하였다. 법안 통과가 만든 새로운 투자 조건 속, 한국의 주요 반도체 기업들을 포함한 첨단산업과 관계된 기업들은 미국 시장

---

[1] 미국 의회 안에서도 정치적 양극화 상황이 심각해지는 가운데 2021년 1월에 회기를 시작한 117대 미국 상원은 IRA의 통과를 두고 50:50으로 대립하고 있었다. 이러한 상황에서 민주당 내에서 보수적인 성향을 띠며 재정 건전성 회복 및 보수주의 가치관을 정책 목표로 내세우는 청견연합(Blue Dog Coalition) 소속인 웨스트버지니아 주의 조 맨친(Jo Manchin) 상원의원의 의사가 법안 통과에 매우 결정적이게 되었다. 맨친은 민주당 정부의 정부지출 정책이 인플레이션을 유발할 수 있다는 점을 근거로 민주당의 이전 법안(Build Back Better Bill)을 반대하고 부결시켰는데 이러한 맨친 상원의원을 설득하기 위해 본 법안은 산업정책의 요소를 다수 갖는 동시에 연방정부의 적자를 줄이고 화석연료 기술에 대한 개발 지원안까지도 포함하고 있다.

에 진출하여 가격 경쟁력을 갖추고, 미국 기업 및 다른 해외 기업들과 경쟁하기 위해 법안이 명시한 여러 조건들을 만족시키고, 그에 대한 반대급부로 미국 연방정부로부터 세금 혜택을 받는 것을 고려하고 있다.

바이든 행정부는 이미 2020년 대선에서부터 이러한 정책들을 그린 뉴딜Green New Deal의 정책 패키지로 묶어서 홍보하였다. 바이든은 환경을 보호하는 목표를 산업정책 안에 넣어 이전 트럼프 행정부와 정책적인 차이를 만들고자 했다. 보호주의 구호를 전면에 내세우며 무역전쟁의 승리에만 초점을 둔다는 인상을 주는 트럼프 전 행정부와는 달리, 바이든은 친환경적인 방향으로 미국경제의 체질 전환을 이끌어내기 위해 연방정부가 나서서 새로운 인센티브 구조를 만드는 것에 초점을 두었다. 그동안 미국 정책 커뮤니티에서는 정부가 추진하는 산업정책에 대해서 부정적인 인식이 팽배했는데, 이는 많은 이들이 산업정책을 자의적으로 승리자와 패배자를 결정하는 근거 없는 정책수단이라고 생각했기 때문이다. 그래서 산업정책은 성공하기보다 자원의 비효율적인 배분을 낳고 실패할 것이라는 시각이 정책 커뮤니티의 분위기를 대변했다. 바이든은 이러한 부정적 시각을 극복하기 위해 특정 기업을 지원하겠다는 내용을 강조하기보다 친환경적인 경제 구조를 만들기 위해 정부가 개입할 필요가 있다는 주장을 제시한 것이다.

또한 바이든 행정부의 전략은 당내 좌파 세력으로부터 바이든 대통령이 충분히 개혁적이지 않다는 비판을 피해갈 알리바이를 제공해주었다. 그린 뉴딜이라는 용어는 당내에서 알렉산드리아 오카시오-코르테즈 Alexandria Ocasio-Cortez 하원의원(뉴욕New York)을 비롯한 민주당내 좌파 성향의 의원들이 사용하던 표현이었다. 환경 친화적인 에너지원을 개발할 수 있는 제조업을 중심으로 투자를 한다는 아이디어는 자칫 민주당의 지지세력 중 일부에게만 재정지원을 한다는 비판으로부터 일정 정도 거리를 둘 수 있는 명분을 마련해주었다.

요약하면, 트럼프 행정부와 바이든 행정부를 거쳐 국내정치적 변수들을 경험하며, 2022년 여름 이후 미국적인 산업정책이 법제화되고 관련 예산 배분을 통해 형태를 갖추는 것이 확인되었다. 이 과정은 여러 정책적인 목적과 정치적인 의도가 중첩된 복잡한 정치적 과정이었다고 평가할 수 있다.

그렇다면 트럼프-바이든 시대의 새로운 정치경제적 시도들을 보다 긴 역사적 호흡 속에서는 어떻게 평가할 수 있을까? 본 장에서는 바이든 행정부 이후 미국 산업정책이 보호무역주의, 대중국 무역전쟁, 그리고 그린 뉴딜 등의 다양한 정책적 의제 및 목표를 가진 채 모습을 드러냈다고 평가한다. 그리고 바이든 행정부에서 입법화된 산업정책이 곧 시작될 트럼프 행정부 2기에서는 성공적으로 시행될 것인지, 혹은 일방적으로 폐기될 것인지, 아니면 다른 정책 지향을 갖고 다른 모습으로 변모할 것인지를 고찰하고자 한다.

본 장은 다음과 같은 순서로 진행된다. 2절에서는 미국 국가의 정책 역량과 국가형성을 다룬 문헌들을 통해 미국은 어떤 방식의 산업정책을 펼치는 것이 가능한지를 이론적으로 논의한다. 또한 1980년대부터 본격적으로 전개된 미국 학계와 정계 안팎에서 진행되었던 산업정책 논쟁을 살펴보고 이것이 어떻게 민주당의 일부 정치인들에게 수용되었는지 보인다. 3절에서는 트럼프의 대중국 무역전쟁과 보호무역주의가 어떻게 바이든 정부의 반도체와 과학법, 그리고 IRA로 이어졌는지 설명한다. 4절에서는 2024년 대선 이후 미국 산업정책의 향방은 어떠할지 루비오 상원의원의 보고서report를 중심으로 평가한다.

II. 예비적 고찰: 미국 국가의 정책역량과 미국식 산업정책

1. 미국의 정책역량

본격적으로 미국 산업정책의 과거와 현재를 논의하기에 앞서, 미국이라는 국가의 행정적이고 정책적인 역량에 대한 논의가 필요하다. 미국 정부는 유럽의 선진 산업국가들에 비해 다른 방식으로 형성되었고, 그 결과 채택된 정책 선택지가 다르며, 국가의 정책 수행 과정도 다른 국가들과 구분되는 특징을 지니기 때문이다.

그동안 미국 정부의 구성 방식과 정책 역량을 두고 많은 학술적인 논쟁이 있었다(Novak 2008). 먼저 서유럽의 중앙집중화된 국가와 비교했을 때, 미국 정부를 약한 국가Weak State로 보며 이를 막스 베버Max Weber와 같은 학자가 언급한 근대화 과정을 제대로 거치지 못해 발생한 문제로 보는 입장이 있다. 보다 구체적으로 베버는 근대화 과정에서 국가 관료제가 더욱 발전하고 그 안에서 국가를 운영하는 공무원은 직무상 전문화professionalism되고 그들을 중심으로 펼칠 정책 역량도 강화될 것으로 보고 있다. 이 관점에 따르면, 모든 국가가 근대화의 과정을 경험하는 만큼 국가 간에 나타나는 정책 역량의 차이는 근대화의 과정이 얼마나 진행되었느냐에 따라 달라지는 것으로 파악할 수 있다. 그 기준을 미국에 적용할 경우, 미국은 아직도 국가의 정책을 수행할 체계적 관료제를 완성하지 못했으며, 중앙정부의 권한도 주정부와의 역할 분담 속에서 크지 않은 약한 국가로 볼 수 있다(정영우 2023, 7-9).

그러나 이러한 관점은 오직 단일한 기준으로 국가의 형성state-building 과정을 이론화하여, 정작 미국 정부가 어떠한 방식으로 통치를 하는지 실증적으로 탐색하는 것을 방해한다. 미국 정부가 민간 부문과 함께 협력하여 제휴하는associative 형태로 거버넌스를 구성하기 때문에, 미국 정부는 대부분의 정책 분야에서 보이지 않는out of sight 것을 특징으로 삼는다는 브라이언 베일로Brian Balogh의 연구 역시 이러한 획일적인 시각의 문제를 지적하고 있다(Balogh 2009).

로버트 리버만Robert Lieberman이 미국, 영국, 프랑스 3국의 인종 정책의 수행을 비교한 논문에서 강조한 것도 베일로의 논지와 다르지 않다(Lieberman 2002). 인종차별을 개선한다는 공통된 목적을 가지고 세 국가 정부는 모두 정책적 노력을 경주했지만, 그 성과는 서로 달랐다. 리버만은 다른 두 국가에 비해 미국이 1960년대 이후 적극적 우대조치affirmative action 정책을 강력하고 성공적으로 추진하였고, 이것이 사회에 만연한 구조적인 차별을 해소하는데 크게 기여하였다고 평가했다. 리버만이 보기에 미국정부의 정책 성과가 다른 두 국가에 비해 차이를 보였던 이유는 강력하게 중앙화되지 않은 미국 연방정부의 구조 때문이었다. 그러나 리버만의 주장은 역설적이다. 보통 막스 베버의 시각을 받아들인 연구자들이라면 보통 국가가 강력하게 중앙집중화된 관료제를 갖추지 못해서 효율적으로 정책을 실행할 수 없다고 보는 경향이 있기 때문이다. 리버만은 오히려 강력한 중앙행정기구가 없기 때문에 미국에서 더욱 강력하고 인종의식적인color-conscious 인종차별시정 정책이 가능했다고 주장했다. 정책의 강력한 수행 기구가 부재한 상황에서 차별시정정책은 처음부터 민권운동, 전문 변호사 집단, 그리고 평등경제기회위원회Equal Economic Opportunity Commission의 수사관, 그리고 차별 행위가 실제로 있었는지를 판단한 연방 법원의 판사들에 이르기까지 여러 행위자들 사이의 협조로 시행될 수 있었다. 그 과정에서 이들 행위자들은 상호간 받아들일 수 있는 법 해석과 그 적용을 경험적으로 확립할 수 있었고, 이것이 비교정치학적인 관점에서도 매우 강력하고 포괄적인 차별금지조치의 법제화로 이어졌다는 것이다.

그러나 여전히 많은 학자들은 미국 정부의 정책 수행 능력을 두고 미국은 태생적으로 약한 국가이며, 이러한 제도적 특징 때문에 여러 정책 실패를 경험하고 있다는 입장을 가지고 있다. 특히 이러한 시각은 국가 간의 제도적 배열arrangement의 차이를 근거로 시행 정책의 종류와 그 성패의 차이를 설명하는 접근법에 많이 반영되어 있는데, 높은 경제발전을 이룩한 미국이 왜 상대적으로 저발전된underdeveloped 복지국가에 머무르고 있는지(Hacker and Pierson 2002; 2010), 아니면 연방정부의 주도로 왜 효과적인 노동시장 정책을 취하지 못하는지를 탐구한 연구들이 이에 해당된다(Weir 1993).

요약하면, 연구자들이 미국 정부와 그 정책 역량을 판단할 때 단순히 강한 국가/약한 국가라는 분석틀로는 정책의 시행 방식과 그 효과성을 분석하는데 무리가 있음에도 불구하고, 미국 정부는 다른 선진국들에 비해 덜 조직되어 있고, 이는 비효율적인 정책 집행으로 이어진다고 볼 수 있다. 바꿔 말하면, 미국 정부의 정책 수행 관행은 중앙정부federal government와 지방정부state governments가 권력을 나눠 갖는 연방제도와 산업화보다 먼저 온 민주주의로 인해 관료제가 발달되어 있지 않으며, 국가 정책을 시행하기 위해 민간 부문의 자원을 적극적으로 빌려 쓸 수 밖에 없는 환경에서 형성되었다. 또한, 이는 도금 시대Gilded Age에 대도시를 중심으로 활동한 민주당의 정당머신political machine 또는 party machine이 정치적 지지를 보내준 대가로 소속된 사람들에게 공직 및 공공 서비스를 제공했던 관행과, 여기서 발생한 문제를 해결하기 위해 공공부문을 대폭 축소하고 작은 정부와 의도적으로 관료의 수를 제한하는 방식으로 정치개혁을 시도한 혁신주의 시대Progressive Era를 거치며 '미국식'으로 정착되었다. 미국이라는 국가는 다른 선진 민주주의 국가들과 다르게 통치하며, 외부인의 시각에서 관찰할 때, 특정한 정책 목표를 전국적인 규모로 달성함에 있어 효율적으로 자원을 동원하기 어려운 구조를 가지고 있다.

2. 미국 산업정책 논쟁

일반적으로 산업정책이란 정부가 여러가지 정책수단을 통해 특정 산업이나 산업 부문의 발전을 위하여 직간접적으로 시장에 개입하는 행위들을 말한다. 이 정책은 정부부처의 국가 경제발전을 위한 중장기적인 계획에 근거한 경우가 많으며, 그 계획을 실행하는 과정에서 한정된 자원을 어느 분야에 집중 지원할 것인지 결정하는 행위가 발생하기도 한다. 주지하듯, 국가들은 여러가지 구조적, 제도적, 그리고 문화적 이유로 다른 방식의 산업정책을 추진하고 있으며 대내적, 대외적인 환경 변화에 따라 이전과는 다른 방식의 산업 전략을 받아들이기도 한다(Shonfield 1977).

미국의 건국자 중 한 명인 알렉산더 해밀턴Alexander Hamilton은 신생 공화국인 미국의 경제적 독립성을 확보하기 위해 유치산업infant industry 보호론을 주장했다고 알려져 있다. 당시 해밀턴의 주장은 경제발전을 위한 국가 전략을 넘어 미국 중앙정부를 어떻게 구성하느냐는 질문과 맞닿아 있었다.[2]

미국에서 산업정책을 두고 벌어지는 논쟁은 건국 과정에서부터 계속되었는데, 미국 경제가 위기에 빠졌다고 인식되었던 1970년대 이

---

[2] 헌법제정을 두고 연방주의자들(Federalists)과 반연방주의자들(anti-Federalists) 사이에서 벌어진 논쟁에서 반연방주의자들은 영국 제국주의에 맞서 힘들게 독립을 쟁취했는데 다시 중앙 정부로 권력을 집중시킨다면 영국 제국주의가 보여준 것과 비슷한 부패와 권력의 전횡을 낳을 것이라고 우려했다. 연방주의자들은 이러한 우려가 일정 부분 타당하더라도 신생 공화국의 생존을 위해서는 불가피하게 행정력을 집중하여 효율적으로 국가를 통치해야 한다고 주장했다. 해밀턴은 후자 그룹에 속한 건국자로서 그가 주장한 유치산업보호론은 미국의 경제적인 예속 상태를 끊고 진정한 독립을 이뤄내기 위한 중·장기적인 경제전략인 동시에 미국 중앙정부의 정책역량을 강화 시켜 신생 공화국에 당면한 과제를 해결해야 한다는 국가건설(state-building) 방식에 대한 제안이었다. 그러나 최종적으로 받아들여진 제임스 메디슨(James Madison Jr.)의 중재안(the Virginia Plan)에서는 해밀턴의 주장이 모두 반영되지는 않았다.

후 본격적으로 재등장했다. 1970년대 미국은 여러 사건들을 통해 경제 위기를 경험했다. 도시폭동, 민권운동, 반전운동 등 다양한 형태의 사회운동을 경험했던 1960년대를 경유하여 동부, 중서부의 전통 제조업이 모여 있던 지역들은 빠르게 탈산업화를 경험했다(Sugrue 2005). 한 가구의 생계를 책임져 주었던 전통적인 블루칼라 직종들은 전통적인 제조업 밀집 지역이었던 동부와 중서부로부터 빠른 속도로 사라졌고, 이는 미국인들에게 큰 위기의 의식을 심어주었다. 또한 미국은 1971년 닉슨 정부의 금태환gold-dollar convertibility 정지선언과 브레튼우즈 체제의 붕괴를 경험하며 대외경제적 위기를 경험했고(Ki and Jeung 2020), 1973년과 1979년의 오일쇼크는 국내외 경제의 불확실성을 심화시켰으며, 급변하는 원자재 가격과 달러가치에 적응하지 못한 많은 미국 기업들은 도산했다.

1970년대를 경험한 뒤 미국에서는 미국에 맞는 산업정책을 실시해야 한다는 주장이 등장했다. 한 경제학자에 따르면, 이러한 주장은 주로 1980년부터 1984년에 학계에서, 그리고 언론에 집중적으로 등장했다(Norton 1986, 4). 그 중에서 터러우Lester Thurow는 1970년대부터 시작된 산업경쟁력의 저하를 해결하기 위해 기업세를 감면하고 전반적인 긴축재정을 감행하는 한편, 소비세를 늘려 개인의 소득세를 대체하는 재정정책을 산업 부문별 지원정책과 병행하자는 주장을 학계 및 비즈니스 위크Business Week와 같은 대중매체를 통해 설파했고, 이는 산업정책을 둘러싼 광범위한 토론을 촉발했다(Norton 1986, 33; Thurow 1980; 1981; 1984; Business Week 1982).

1980년대 산업정책을 주장한 여러 전공분야의 학자들의 주장을 정리한 노턴R. D. Norton에 따르면, 이 당시 산업정책 논쟁에 참여한 사람들은 크게 두 부류로 나눌 수 있다. 한 부류는 이른바 근대화론자들modernizers로 미국의 산업경쟁력이 떨어진 것을 회복해야 한다고 주장하는 사람들이다. 다른 한 부류는 보존론자들preservationists로, 한 지역에서 제조업이 폐업할 경우 지역경제에 미치게 될 파급력을 생각해서 이를 막거나 완화하자는 입장을 내세웠다(Norton 1986, 4). 이들의 주장은 결국 산업경쟁력과 같이 단일 경제지표로 측정하기 어려운 개념을 어떻게 측정하며 이것의 시계열적인 변화를 분석하고 확인하는 학술적인 과제와 연결되었다. 또한, 만약 산업경쟁력이 저하되고 있다는 점이 과학적으로 확인된다면, 관료제 조직이 커지고 자원배분을 할 수 있는 힘을 갖게 될 때 벌어진 부패의 문제, 관료들의 취사선택 행위의 자의성, 지원을 받기 위해 지역구의 이해관계만을 우선하는 정치행태pork-barrel politics 등의 부작용을 피해 어떻게 산업정책을 구체적으로 시행할 수 있을지에 대한 문제가 제기되었다. 당대의 학자들에게는 학술적인 문제와 실제 정책을 실행하는 문제 모두 해답을 찾기 어려운 난제였다.

빌 클린턴 행정부 1기에서 노동부 장관을 지낸 로버트 라이히Robert Reich는 이러한 논쟁 속에서 등장했으며, 지미 카터Jimmy Carter 정부에서 부통령을 지냈고 1984년 미국 민주당의 대선 후보로 선정된 월터 몬데일Walter Mondale을 포함한 민주당의 정치인들의 경제정책에 영향을 주었다고 평가되었다(Norton 1986, 34; Reich 1982; 1983; 1984).[3] 라이히는 유럽 방식의 노동자 훈련 프로그램을 미국식으로 수용하자는 주장을 펼쳤으며, 2차 세계대전 이후 미국에 물질적인 풍요를 가져왔던 경직된 대량생산체제가 더 이상 작동하지 않는다고 주장했다. 이를 극복하기 위해 라이히는 첨단산업을 중심으로 유연하게 생산조직을 구성하고, 동 조직에서 활약할 인적 자본human capital을 국가의 정책으로 육성해야 한다고 보았다. 라이히가 제안한 산업정책은 민주당의 주 지지 집단이었던 조직된 노동 세력의 반발을 유발했는데, 이는 무엇보다도 2차 세계대전을 전후하여 미국의 노동조합들이 힘들게 확보한 집단적인 임금 협약체제와 임금단체 협상을 통해 노사간의 타협물로 만들어진 업무분장 체제가 이제는 무용하다고 보는 시각이 전제되어 있었기 때문이었다. 이후 라이히의 주장은 빌 클린턴 정부를 거쳐 민주당의 중앙파 Centrist Democrats 혹은 New Democrats가 주도한 민주당 경제정책 패키지 중 하나의 선택지로 자리잡았고, 여러 형태로 당대의 정책의제와 결합하여 등장했을 것으로 추정된다. 그러한 맥락 하에 2020년 선거에서 트럼프 1기 행정부의 노골적인 보호무역 정책에 대한 대응으로 바이든 정부는 산업정책적인 요소들을 담은 두 법안을 통과시켰다.

---

[3] 1980년대 산업정책에 관심을 보였던 민주당 정치인들을 당대 유행했던 비디오 게임 제조 회사 이름을 따서 the Atari Democrats이라고 불렀으며, 이들은 산업정책을 통해 첨단기술을 육성하고 산업의 구조조정을 감행하여 일자리를 창출하는 것을 정책 목표로 삼았다. 이 그룹에는 게리 하트(Gary Hart, CO), 엘 코어(Al Gore, TN), 딕 게파르트(Dick Gephardt, MO), 폴 통가스(Paul Tsongas, MA)가 포함되어 있다.

III. 트럼프-바이든의 정치경제적 유산

1. 트럼프의 유산과 민주당의 변화

2016년 대선에서 트럼프에게 패배한 이후, 민주당은 빠르게 변화했다. 민주당 정치인들은 멕시코 국경에 거대한 장벽을 세워 중남미에서 유입되는 이민자들을 통제하고자 한 시도나 동맹국들에게 방위비 분담금의 인상을 요구한 일, 미국이 2차 세계대전 이후 그 설립부터 깊이 관여한 국제기구들의 권위를 스스로 훼손하며 다자주의 대신 미국 중심의 일국주의를 추구한 일 등을 거론하며 트럼프 대통령이 미국적 가치를 훼손시키고 있다고 비난하는 등, 표면적으로는 트럼프 행정부 정책에 대한 비난에 몰두하는 것으로 보였다.

그러나 실상은 달랐다. 2016년 대선 패배와 그 이후 트럼프 행정부를 경험하며, 민주당 정치인들은 트럼프 정책의 정치적 효용에 대해 재평가하게 된 것으로 보인다. 이는 그 전의 민주당의 경제 정책 선호로 보면 매우 급진적인 변화이다. 보다 구체적으로 살펴본다면, 2016년 패배 이전 민주당은 경제적으로 자유무역주의, 시장 개방에 집중하고 정치적으로는 정체성의 정치에 매진하였다. 사실 빌 클린턴 정부의 탄생 이후 민주당은 거의 십 수년 동안 백인 유권자들에게 제조업 일자리 감소는 자유무역이 소비자 전체에게 가져다줄 이익에 비해서는 참을 만한 고통이며 미국 중심의 세계 질서를 유지하기 위해서는 어쩔 수 없이 지불해야 하는 비용이라고 강변해 왔다.

동시에 민주당은 그동안 저소득 백인 노동자 계층이 비숙련 저임금 직종을 노리고 유입되는 불법 이민자 행렬을 보고 느끼는 불안감과 이에 대한 공격적인 반응을 모두 인종주의적 혐의를 갖는, 못 배운 uneducated 반응이라 치부하였고, 공적인 장소에서 이런 감정을 표현하는 것을 허락하지 않았다. 진정한 문제는 이와 같은 민주당의 정책 입장이 실제로 경제적으로 악화되고 있는 백인 유권자들의 삶에 아무런 변화를 가져오지 못했다는 데 있다. 저임금 노동시장은 점차 값싼 불법 이민자들로 채워지게 되고, 백인 노동자들은 자신들의 처지가 점차 열악해지는 이유를 불법 이민자들의 무분별한 유입 때문이라고 쉽게 단정지었다. 이렇게 백인 노동자 계층의 경제적이고 사회적인 불만을 방기한 민주당이 2016년 대선의 패배 이후로 크게 변화하게 된 것이다(Teixeira and Judis 2023, chapters 2 and 7).

특히 민주당은 일견 비이성적이고 포퓰리즘적으로 보이는 트럼프 행정부의 무역정책 내용과 그 효과에 대해서 면밀히 벤치마킹한 것으로 보인다(Lighthizer 2023, chapter 1). 트럼프 행정부에서 무역대표부 대표를 지낸 로버트 라이트하이저Robert Lighthizer에 따르면, 트럼프 행정부는 미국 시장으로 들어오는 외국 제품에 대해 관세를 늘리고, 한국 가전제품 생산 업체들을 포함한 외국 기업들이 덤핑이나 국가 보조금 제도를 이용하여 미국 시장을 공략하는 것을 불공정한 관행이라 규정, 이를 적극적으로 규제하기 시작했다(Lighthizer 2023, chapter 1). 라이트하이저는 이러한 트럼프 행정부의 무역정책을 통해 미국의 대외 경제 의존도를 완화시키고 무역 적자를 대폭 줄일 수 있었다고 평가했다(Lighthizer 2023, chapter 4). 이는 공화당 주류 세력의 밖에 있었던 트럼프 대통령에게도 좋은 기회로 작용했는데, 공화당 내부의 한 세력으로 존재하는 자유무역주의자들을 견제하는 동시에 미국 연방정부가 안보와 국익을 위해 시장에 개입할 새로운 명분과 수단을 제시했기 때문이다. 결과적으로 다른 무역 상대국과의 불화를 두려워하지 않는 트럼프 행정부의 무역정책은 제조업 종사자인 블루칼라 유권자들에게 강한 설득력을 지녔던 것으로 보인다.

라이트하이저는 바이든 대통령이 후보이던 시절, 2020년 대선 캠페인 기간부터 이러한 트럼프 정책의 성과에 주목하고, 상당 부분 수용하였다고 주장했다(Lighthizer 2023, Introduction). 구체적으로 바이든 행정부는 트럼프 행정부에 이어 미국 제조업의 부흥을 목적으로 무역정책을 사용하는 것에 적극적이었으며, 트럼프 행정부 때 도입된 대중국 무역 관세를 철회하지 않고 계속 유지하였다. 트럼프 행정부에서 고위직을 오랫동안 역임한 라이트하이저가 자신의 업적을 과장해서 평가하기 위해 트럼프 행정부의 정책적 유산이 차기 정부에 상당 부분 계승되었다고 주장할 가능성이 있다는 점을 고려하더라도, 이 같은 평가는 전반적으로 타당해 보인다. 이는 2021년 6월 23일 백악관 직속 국가경제위원회National Economic Council: NEC 위원장이 발표한 바이든 행정부의 경제정책 기조를 통해서도 확인된다.[4] 그 중에서 첫 번째 의

---

[4] 바이든 행정부가 발표한 경제정책 기조는 다음의 다섯 가지 분야로 구성되어 있다. 1) Supply Chain Resilience; 2) Targeted Public Investment; 3) Public Procurement; 4) Climate Resilience; 5) Equity. (*Atlantic Council* 2021-06-23).

제인 글로벌 공급망 복원력Supply Chain Resilience의 내용에 따르면, 미국 정부는 반도체 산업을 포함한 미국 제조업을 재육성하고 중국 기업을 포함한 해외 기업들과의 경쟁에서 미국 기업을 보호하는 동시에 첨단 기술에 장기적으로 투자할 계획이었다.

그러나 바이든이 트럼프 행정부의 무역정책을 벤치마킹했다는 서술과는 달리, 바이든 행정부가 발표한 정책 기조를 구체적으로 어떻게 실현할지는 여전히 미지수였다. 사실 트럼프 행정부는 보호무역주의의 성격을 띠는 관세 설정 이외에 적극적으로 산업정책을 제시한 적은 없다. 2018년 10월 트럼프 행정부에서 대통령 직속 국가과학기술위원회 National Science & Technology Council: NSTC에서 발표한 "미국 첨단 제조업 리더십 확보 전략Strategy for American Leadership in Advanced Manufacturing" 보고서를 통해 산업정책으로 분류할 수 있는 첨단 산업 육성 계획이 발표되었지만, 이 보고서가 정부 예산 계획을 포함한 정책으로 발표된 적은 없다(NSTC 2022). 2020년 선거에서도 트럼프 당시 대통령은 결코 미국 제조업 분야를 대상으로 한 산업정책을 공약으로 제시하지 않았다.[5] 트럼프의 공격적인 무역정책을 이어받아 어떤 종류의 산업정책을 시행할 수 있을지는 오로지 바이든 행정부에 맡겨진 과업이었다.

---

[5] 이는 미국 비영리 싱크탱크인 정보기술혁신재단(Information Technology & Innovation Foundation: ITIF)에서 2020년 9월에 발간한 양당 대선 후보의 기술 정책을 비교한 자료집에서도 지적된 사항이다(Atkinson, Robert D. et al. 2020). 특히 해당 전자문서의 23페이지를 참조할 것.

2. 바이든의 산업정책과 정치적 유산

그 후 1년 뒤인 2022년 8월 반도체와 과학법과 IRA가 미국 의회를 통과하였고, 바이든 대통령이 최종 서명을 함으로써 발효되었다. 앞서 미국 국가경제위원회가 제시한 산업정책을 중심으로 한 바이든 행정부의 정책 기조가 이 두 법을 통해서 구체화되었다.6 일반화의 위험을 무릅쓰고 산업정책으로서 두 법안이 지닌 함의는 다음과 같이 정리할 수 있다. 미국 연방정부는 두 법안에 근거하여 반도체 산업, 배터리 산업, 그리고 전기차 산업 등을 포함한 첨단 제조업을 대상으로 전례 없는 수준의 규제력을 행사할 것이다. 외국 기업들은 미국 시장에 대한 접근권을 얻는 대가로 미국에 생산설비를 갖추고 고용을 창출해야 하며, 핵심 광물과 같은 민감한 재료를 생산에 이용하는 경우에는 미국 정부가 선정한 우려 집단Foreign Entity of Concern: FEOC으로부터 획득한 원료가 일정 비율을 넘어서지 못하도록 생산 가이드라인을 따라야 한다. 만약 이 가이드라인을 지키지 못할 경우 해당 기업은 미국 정부로부터 세액공제 등의 인센티브를 받을 수 없으며, 이는 곧 미국 시장에서 가격 경쟁력을 잃게 되는 결과를 초래할 것이다.

---

6 두 법안의 구체적인 내용을 분석하는 것은 이 글의 한계를 크게 벗어나는 일이다. 또한, 법안의 세부 내용이 한국 기업들에 미칠 영향에 대한 법적 자문 및 경영 자문을 제공하는 목적으로 작성된 글도 이미 많이 소개되어 있다. 따라서 본 장에서는 두 법안에 대한 구체적 소개를 생략할 것이다.

2024년 11월의 선거 전 우리의 관심을 끄는 질문은 바이든 행정부에서 시행한 산업정책이 정치적인 효과를 발휘할 것인지 여부일 것이다. 민주당 해리스 후보에게 바이든의 산업정책은 곧바로 호재로 작용할 수 없었다. 무엇보다 바이든 행정부가 통과시키기 위해 많은 노력을 기울인 두 가지 법안이 실효성을 거두고 대중들에게 긍정적인 평가를 받기 위해서는 수 년의 시간이 흘러야 하기 때문이다. 두 가지 법안 중 반도체와 과학법의 사례를 살펴보면 이 점이 보다 명확하게 드러난다.

반도체와 과학법의 정치적 효과는 훨씬 뒤에 판단될 수 있을 것이다. 이 법에서 반도체 제조 산업에 직간접적으로 지원될 390억 달러의 예산 중 2024년 5월 기준 전체 예산의 77% 정도가 용처가 정해진 후 투자되는 중이며, 나머지 23%의 기금은 지금 시점에 이르기까지 여러 사업에 순차적으로 투자될 계획이다.[7] 이미 인프라를 갖추고 있는 미국 반도체 생산 업체에 자금이 투여되어 당장의 고용 효과를 창출하는 것이 아닌 이상, 이 법이 유권자들의 선호에 두루 영향을 줄 수 있을 것이라고 기대하기는 어렵다.

---

[7] 2024년 5월에 발간한 미국 국제전략문제연구소(Center for Strategies and International Studies: CSIS)의 소식지에 따르면, 관련 법에서 할당한 예산의 23%만이 미사용으로 남아 있다(Arcuri 2024). 한편, 미국 상무부의 부속기관인 미국기술표준연구소(National Institute of Standards and Technology: NIST)에서는 반도체와 과학법의 지원을 받는 사업들을 계속해서 업데이트 하고 있다(https://www.nist.gov/).

한편, IRA의 효과는 거의 없거나 트럼프의 공격으로 상쇄되었다고 평가할 수 있다. 트럼프를 비롯한 공화당 정치인들은 오래 전부터 해당 법안이 부당하며, 인플레이션을 줄이기보다는 오히려 부추기고 있다고 비판하였다. 또한 공화당 정치인들은 소비자의 선택권을 침해할 소지가 있기 때문에 전기차 구매 과정에서 소비자에게 세액 공제의 형태로 지원되는 보조금을 없애야 한다고 주장했다. 2024년 7월 15일에 블룸버그 통신과 진행했던 인터뷰에서 트럼프는 이러한 주장을 이어가며 IRA에 따른 그린 에너지 지원 정책이 실상은 산업 발전에 기초가 되는 에너지의 공급 가격을 높여 인플레이션을 부추기고 있다는 주장을 펼쳤다(Bloomberg 2024). 이러한 주장이 2024년 11월 5일 선거일에 유권자들의 판단에 얼마나 영향을 미쳤는지는 정확히 알기 어렵다. 그러나 일반적으로 바이든 행정부가 펼친 산업정책의 효과에 대해서는 유권자들이 직관적으로 파악하기 어려운 반면, 유권자들은 높은 금리와 가파르게 오르는 물가에 민감하게 반응하였다. 이에 따라 트럼프 진영은 바이든 행정부의 산업정책과 구별되는 새로운 정책을 제시할 필요도 없이 현 정부의 물가 관리 정책만을 문제 삼으며 선거를 우세하게 이끌 수 있었던 것이다.

이러한 상황을 잘 보여주는 것이 바이든 행정부의 IRA 지원 대상인 녹색 에너지 산업에서 근무하는 노동자를 인터뷰한 폴리티코 Politico의 2024년 7월 18일 기사였다. 이 기사에 따르면, 인터뷰에 응한 노동자가 바이든 정부의 수혜를 많이 받은 일터에서 근무하지만 높은 금리와 인플레이션 때문에 체감되는 경제 지표는 매우 부정적이어서 현 정부를 지지하기 어렵다고 한다. 폴리티코의 기사처럼 이러한 상황은 4년 전 바이든을 지지했던 블루칼라 노동자들이 보편적으로 느끼는 정서일지도 모른다(Bade and Hill 2024).

IV. 2024년 이후 미국의 산업정책

2024년 대선에서 트럼프-밴스 캠프의 경제 메시지는 복잡할 것이 없이 현 정부의 고금리, 고물가 정책을 비난하는 것에 집중되었으며, 이는 큰 효과를 거두었다. 트럼프 2기가 시작되면 중국에 대한 무역 제재 강화, 그리고 동맹국을 상대로 미국이 부당하게 부담했던 여러 가지 특혜를 철회하는 데 초점이 맞추어질 것으로 예상된다. 그러나 어떤 구체적인 정책을 통해서 이를 실현할 것인지는 쉽게 예상할 수 없다. 트럼프의 리더십은 쉽사리 예측하기 어렵기 때문이다.

그럼에도 불구하고 트럼프 행정부에서부터 시작된 무역정책과 산업정책의 연계는 트럼프 행정부 2기에 상당 부분 계속될 것으로 보인다. 원칙적으로 상·하원의 동의를 거쳐 법으로 제도화된 바이든 행정부의 산업정책은 지속성을 갖고 유지될 가능성이 크다. 하지만 2023년 의회를 통과한 IRA와 반도체와 과학법은 행정부의 의도적인 지연 전략과 예산 배분에서의 파행으로 본래의 역할을 하지 못할 가능성이 있다. 다만, 해당 법안으로부터 수혜를 입는 지역 중에 공화당 우세 지역이 있기 때문에 이러한 양상은 복잡하게 전개될 가능성이 있다.

트럼프 행정부 2기에서 외교 수장이라는 중요한 자리를 맡게 될 마르코 루비오 플로리다 상원의원이 밝힌 산업정책에 대한 생각을 통해 우리는 트럼프 2기 행정부가 어떠한 방식으로 바이든 행정부의 정책을 계승할지를 추정할 수 있다. 트럼프 당선인은 당선 이후 얼마 지나지 않아 차기 행정부의 국무부 장관직Secretary of State Department에 루비오 상원의원을 지목하였다. 상원의원으로 활동했던 루비오는 중국과의 무역전쟁에 관심을 가지고 있었으며 본 장의 처음에 인용한 기고문을 포함하여 산업정책이 왜 필요한지를 여러 수단을 통해 꾸준히 홍보했다. 그 중에서 2024년 9월 9일에 발표된 "The World China Made – 'Made in China 2025' Nine Year Later"라는 루비오 상원의원실 보고서를 통해 우리는 차기 공화당의 산업정책에 대한 단상을 엿볼 수 있다(Rubio 2024b).

　이 보고서는 바이든 정부와 워싱턴의 정계에서 받아들여지는 시각을 객관적인 지표를 통해 비판하는데 초점을 맞춘다. 흔히 공산주의 체제에서 국가가 깊이 관여하는, 중국 제조업 중심의 성장 전략은 혁신적이고 역동적인 자본주의 체제를 갖춘 미국에 위협이 되지 않을 것이라고 생각한다. 루비오의 보고서는 이것이 안일한 현실인식임을 객관적인 지표를 통해 보여주었다. 실상은 중국은 농업기계 부문을 제외하고 지난 10년간 선언한 경제 목표 대부분을 초과 달성하였던 것이다. 그 중에서 전기차, 에너지-전력, 조선, 고속철도의 4가지 산업 부문에서는 세계를 선도하고 있다. 루비오는 이러한 현실에 대응하기 위해 "대담한 산업정책bold industrial policy"과 기업의 투자와 혁신을 유도하는 탈규제 정책이 필요하다는 점을 주장하였다(Rubio 2024a, 57).

　루비오의 정책 제안이 어떠한 방식으로 트럼프 정부에서 실행될지는 여전히 미지수이다. 다시 말해, 국무부 장관이 될 루비오의 정책 제안이 어떠한 방식으로 산업 주무 부처의 정책 실행으로 구체화될 수 있을지, 그리고 국가의 강력한 시장 개입을 전제하는 "대담한 정책"들이 동시에 어떻게 기업에게 부과되는 규제를 줄이는 목표를 달성할 수 있을지는 앞으로 지켜봐야 할 문제이다. 그러나 미국과 중국의 무역전쟁이 계속되고 있는 상황 속, 트럼프 행정부 2기의 외교 수장이라는 자리를 맡은 정치인의 정책 선호는 트럼프 행정부에 다양한 방식으로 영향을 미칠 것으로 추정된다. 만약 루비오의 정책 제안이 트럼프 2기 행정부에서 전면적으로 받아들여지고, 1기와 구분되는 본격적인 산업정책이 도입된다면, 그 외양은 바이든 IRA와 반도체와 과학법에서 보여주는 친환경 에너지 및 반도체 산업으로 재정이 지원되었던 것과 달리 첨단기술 분야를 넘어 국가 안보와 연관된 제조업 전반으로 확대될 것으로 예상된다. 하지만 작은 정부를 지향하는 공화당의 통치원리 속에서 어떻게 이러한 정책 목표를 수행할 수 있을지, 그리고 개별기업에 정부의 규제를 줄이겠다는 약속을 어떻게 동시에 이행할 수 있을지는 아직 예측하기 어렵다.

　트럼프-바이든-트럼프 행정부를 거치며 미국정부의 산업정책은 급격하게 변화하고 있다. 트럼프가 시작한 무역전쟁과 경제안보 의제의 전면화, 그리고 바이든 행정부와 민주당 의회가 통과시킨 두 가지 법안, 그리고 그린뉴딜과 산업정책은 재등장한 트럼프 차기 행정부에 큰 과제를 남겼다. 이러한 흐름이 중장기적으로 미국 정치 환경을 어떻게 변화시킬 것인지는 두고 볼 일이다. 한 가지 추정할 수 있는 것은 정치 양극화의 환경 속에서, 그리고 경제 안보라는 이슈가 미국의 외교정책 및 통상정책에 중요한 변수로 떠오른 시점에서 미국이 산업정책을 시행한다면, 다른 국가들과 다른 '미국적인' 방식으로 시도할 것이라는 점이다.

참고문헌

정영우. 2023. "미국정치발전과 미국 정부 연구를 위한 연구 노트." 『글로벌정치연구』 16, 2: 1-21.

Arcuri, Gregory. 2024. "Innovation Lightbulb: What's Left of the CHIPS Act Funds?" *Center For Strategic and International Studies Newsletter,* May 8. https://www.csis.org/analysis/innovation-lightbulb-whats-left-chips-act-funds (검색일: 2024.7.24.)

Atkinson, Robert D., Doug Brake, Daniel Castro, Nigel Cory, Stephen Ezell, Caleb Foote, David M. Hart, Joe Kennedy and Robert Rozansky. 2020. "Trump vs. Biden: comparing the Candidates' Positions on Technology and Innovation." *Information Technology and Innovation Foundation: ITIF.* https://www2.itif.org/2020-trump-v-biden.pdf (검색일: 2024.7.24.)

Atlantic Council. 2021. "The Biden White House plan for a new US industrial policy." June 23, https://www.atlanticcouncil.org/commentary/transcript/the-biden-white-house-plan-for-a-new-us-industrial-policy/ (검색일: 2024.7.24.)

Bade, Gavin, and Meredith Lee Hill. 2024. "Biden has poured billions into Rust Belt economies. His 'Blue Wall' is crumbling anyway." *Politico,* July 18. https://www.politico.com/news/2024/07/18/wisconsin-democrats-biden-midwest-elections-green-00167994 (검색일: 2024.7.24.)

Balogh, Brian. 2009. *A Government out of Sight: The Mystery of National Authority in Nineteenth-Century America.* New York: Cambridge University Press.

Bloomberg. 2024. "The Donald Trump Interview Transcript." July 15. https://www.bloomberg.com/features/2024-trump-interview-transcript/?embedded-checkout=true (검색일: 2024.7.24.)

Business Week. 1982. *The Reindustrialization in the United States since 1870*. New York: McGraw-Hill.

Hacker, Jacob S., and Paul Pierson. 2002. "Business Power and Social Policy: Employers and the Formation of the American Welfare State." *Politics & Society* 30, 2: 277-325.

Hacker, Jacob S., and Paul Pierson. 2010. *Winner-Take-All Politics: How Washington Made the Rich Richer-and Turned Its Back on the Middle Class*. New York: Simon & Schuster.

Ki, Youn and Yongwoo Jeung. 2020. "Ideas, Interests, and the Transition to a Floating Exchange System," *Journal of Policy History* 32, 2: 151-82. https://doi.org/10.1017/S0898030620000020.

Lieberman, Robert C. 2002. "Weak State, Strong Policy: Paradoxes of Race Policy in the United States, Great Britain, and France." *Studies in American Political Development* 16, 2: 138-61. https://doi.org/10.1017/S0898588X0200007X.

Lighthizer, Robert. 2023. *No Trade is Free: Changing Course, Taking on China, and Helping America's Workers*. New York: HarperCollins.

Subcommittee on Advanced Manufacturing Committee on Technology. 2022. "National Strategy for Advanced Manufacturing." *National Science and Technology Council*. https://www.whitehouse.gov/wp-content/uploads/2022/10/National-Strategy-for-Advanced-Manufacturing-10072022.pdf (검색일: 2024.7.24.)

Norton, R. D. 1986. "Industrial Policy and American Renewal." *Journal of Economic Literature* 24, 1: 1-40.

Novak, William J. 2008. "The Myth of the 'Weak' American State." *The American Historical Review* 113, 3: 752-772.

Reich, Robert B. 1983. *The Next American Frontier*. New York: Penguin Books.

Reich, Robert B. 1982. "Industrial Policy: Ten Concrete, Practical Steps to Building a Dynamic, Growing and Fair American Economy." *The New Republic.* : 28-31.

Rubio, Marco. 2024a. "Why I Believe in Industrial Policy – Done Right." *The Washington Post*, April 2. https://www.washingtonpost.com/opinions/2024/04/02/marco-rubio-industrial-policy-done-right/ (검색일: 2024.7.24.)

Rubio, Marco. 2024b. "The World China Made: 'Made in China 2025' Nine Years Later." *The Office of Senator Marco Rubio*. https://www.rubio.senate.gov/wp-content/uploads/2024/09/The-World-China-Made.pdf (검색일: 2024.12.15.)

Shonfield, Andrew. *Modern Capitalism*. New York: Oxford University Press, 1977.

Thurow, Lester. 1980. *The Zero-Sum Society*. New York: Basic Books.

Weir, Margaret. 1992. *Politics and Jobs: The Boundaries of Employment Policy in the United States*. Princeton, N.J.: Princeton University Press.

Sugrue, Thomas J. 2005. *The Origins of the Urban Crisis: Race and Inequality in Postwar Detroit-Updated Edition. Kindle edition*. Princeton, N.J.: Princeton University Press.

Sullivan, Jake. 2023. "Remarks by National Security Advisor Jake Sullivan on Renewing American Economic Leadership at the Brookings Institution." *The White House,* April 27. https://www.whitehouse.gov/briefing-room/speeches-remarks/2023/04/27/remarks-by-national-security-advisor-jake-sullivan-on-renewing-american-economic-leadership-at-the-brookings-institution/ (검색일: 2024.12.12.)

Teixeira, Ruy, and John B. Judis. 2023. *Where Have All the Democrats Gone?: The Soul of the Party in the Age of Extremes.* New York: Henry Holt and Company.

5

미국 통상정책의 현재와 미래: 보호주의의 재림과 강화

양준석 I 성균관대학교

I. 서론

2024년 11월 5일 미국 대선에서 도널드 트럼프Donald J. Trump가 승리하였으며, 2025년 1월 20일 트럼프 행정부 2기가 출범할 예정이다. 트럼프 당선인은 2016년 첫 당선 당시 효과적이었던 'Make America Great AgainMAGA' 슬로건을 2024년 재차 활용하며, 이 기조 아래 더욱 강력한 보호무역 정책을 추진할 것임을 시사했다. 통상정책은 건국 이래 미국 경제전략의 근간이 되어왔으며, 세계 최대 경제대국으로서 미국의 무역정책 결정은 국내외 시장에 광범위한 파급효과를 미쳐왔다. 본 장에서는 트럼프의 보호무역주의 통상정책을 역사적 맥락에서 분석하고, 향후 전개 방향을 전망한다. 특히 2026년 중간선거를 앞둔 트럼프 2기 행정부의 보호무역정책이 어떤 양상을 보일 것인지, 그리고 이러한 보호주의 기조가 장기적으로 지속될 것인지를 고찰한다.

II. 미국 통상정책의 과거와 현재

1. 미국 통상정책의 역사: '세입(Revenue),' '제한(Restriction),' 그리고 '호혜(Reciprocity)'

다트머스 대학교Dartmouth College의 경제학자 더글라스 어윈Douglas Irwin은 2016년까지 미국 통상정책의 역사가 R로 시작하는 세 단어—'세입Revenue,' '제한Restriction,' 그리고 '호혜Reciprocity'—로 특징지어지는 시기들로 분류된다고 주장한다(Irwin 2017).

먼저 1790년부터 1860년까지는 통상정책이 주로 '세입'을 위한 수단으로 여겨졌다. 정부 수입을 확보하기 위해 수입품에 관세를 부과하는 것이 핵심이었으며, 대표적으로 1789년 관세법Tariff Act of 1789이 제정되었다(Fordham 2017). 이 시기는 연방정부 수입의 약 90%가 관세 수입으로 충당될 정도로 관세가 핵심적인 재정 확보 수단이었다.

다음으로 1861년부터 1933년까지의 시기는 '제한'이라는 특징을 보인다. 정부 수입이 점차 국내 과세로 전환되었으며, 국내 생산자를 해외 경쟁으로부터 보호하기 위한 수단으로서의 보호주의 관세정책이 본격화되었다. 수입품에 대한 평균 관세율은 약 50% 수준을 유지했으며, 보호무역 정책은 20,000개 이상의 수입품에 대해 관세를 대폭 인상하는 1930년 스무트-홀리 관세법Smoot-Hawley Tariff Act으로 정점에 달했다(Irwin 2020).

그러나 스무트-홀리 관세법으로 인한 수입품 가격 상승과 무역량 감소는 대공황을 심화시킨 주요 원인으로 평가되었고, 이에 1934년부터 2016년까지 미국은 '호혜'에 기반한 무역 장벽 완화를 통상정책의 기조로 채택했다. '호혜' 기반의 통상정책 기조는 1934년 상호무역협정법Reciprocal Trade Agreements Act: RTAA으로 본격화되었는데, 대통령에게 양자간 무역협정 협상 권한을 부여함으로써 의회의 과도한 정쟁으로 인한 무역협정 진전의 저해를 제도적으로 방지하는 것을 주요 내용으로 한다(Bailey et al. 1997).

무역 자유화Free Trade로의 전환은 미국이 1947년 관세 및 무역에 관한 일반협정General Agreement on Tariffs and Trade: GATT 설립 과정에서 주도적인 역할을 수행하면서 더욱 공고해졌다. 제2차 세계대전 이후 미국은 자유주의적 국제경제질서를 지지하며 무역을 경제 성장과 지정학적 안정의 수단으로 활용했고, GATT 체제하에서 다자간 무역 협력 체계 구축을 선도했다(Atkin & Donaldson 2022). 1994년에는 북미자유무역협정North American Free Trade Agreement: NAFTA 체결로 세계 최대 규모의 자유무역지대가 형성되었고, 같은 해 우루과이라운드Uruguay Round 협정 비준으로 1995년 GATT를 계승한 세계무역기구World Trade Organization: WTO가 설립되었다. 21세기 초에는 무역 자유화를 위한 노력이 지속되어 다수의 양자 자유무역협정이 체결되었다. 조지 W. 부시

George W. Bush와 오바마Barack Obama 행정부는 12개 태평양 연안국이 참여하는 환태평양경제동반자협정Trans-Pacific Partnership: TPP 협상을 포함한 야심찬 무역 의제를 추진했다(Evenett & Meier 2008). 그러나 이 시기에 자유무역의 효용에 대한 국내 회의론이 증가하면서, 이후의 정책 변화를 예고하는 조짐이 나타나기 시작했다.

2. 미국 통상정책의 현재: '제한(Restriction)'의 통상정책으로의 회귀

2017년 1월 20일 미국의 제45대 대통령으로 취임한 도널드 트럼프는 '미국 우선주의America First' 원칙을 내세우며, 장기간 유지해 온 무역 자유화 기조에서 벗어난 강력한 보호주의 통상정책을 추진했다. 트럼프 행정부의 보호주의 통상정책은 관세 인상을 핵심 수단으로 활용했다. 대부분의 국가로부터 수입되는 철강에 25%, 알루미늄에 10%의 관세를 부과했으며, 특히 중국 상품에 대해서는 단계적으로 관세를 올려 2,500억 달러 규모의 수입품에 25%의 관세를 부과했다. '관세 폭탄'으로 시작된 대중국 압박은 미중 관계를 전면적인 무역 전쟁으로 악화시켰으며, 이는 미국 시장 내 화웨이Huawei와 같은 중국 기술기업 제재, 지적재산권 도용 및 강제 기술이전 문제 등으로 확대되었다.

트럼프 행정부 통상정책의 또 다른 특징은 다자간 무역협정 체제를 거부하며 무역협정을 재협상하려는 움직임을 보인다는 점이다. 트럼프 행정부는 수십 년간 미국 외교정책의 근간이었던 다자주의에서 벗어나, 불공정 무역관행 시정을 명분으로 양자 협상을 선호했다. 취임 직

후 TPP에서 탈퇴했으며, WTO의 분쟁해결 메커니즘을 강하게 비판하여 WTO 상소기구가 사실상 기능하지 못하도록 만들었다. 또한 NAFTA의 재협상을 통해 미국-멕시코-캐나다 협정United States-Mexico-Canada Agreement: USMCA으로 대체했다. USMCA에는 자동차 부문의 원산지 규정 강화, 노동 및 환경 기준 상향, 디지털 무역과 반부패 관련 새로운 규제 등 미국의 경제적 이익을 강화하는 조항들이 추가되었다.

2021년 출범한 바이든 행정부는 트럼프 행정부의 일방주의적 접근을 비판하며 다자주의와 동맹국 협력을 강조했으나, 보호주의 기조는 유지했다. 일례로, 2022년 5월에는 중국 견제와 동맹국과의 경제협력 강화를 위해 인도태평양경제프레임워크Indo-Pacific Economic Framework for Prosperity: IPEF를 출범시켰다. 그러나 트럼프 시기에 부과된 대중국 관세의 대부분을 유지했으며, 국가안보를 이유로 철강 및 알루미늄을 대상으로 지속적으로 관세를 부과했고, 특히 첨단기술과 전략산업 분야에서 더욱 정교하고 표적화된 제한조치를 실행했다. 2024년 5월에는 180억 달러 규모의 중국산 제품에 대한 추가 관세를 부과했고, 같은 해 12월에는 인공지능Artificial Intelligence: AI 개발용 고대역폭메모리High Bandwidth Memory: HBM 대중 수출을 제한하는 '중국의 군사용 첨단 반도체 생산능력 제한을 위한 수출통제 강화' 방안을 발표했다.

이러한 '제한Restriction' 시대로의 회귀는 두 가지 핵심 요인에 기인한다. 첫째, 미국 유권자들의 경제적 불안이다. 최근 연구들은 자유무역과 세계화가 국내 일자리 및 경제 안정성을 위협한다는 인식이 확산되었음을 보여준다(Essig et al. 2021; Fetzer & Schwarz 2021). 특히 코로나COVID-19 팬데믹 시기에 경험한 글로벌 공급망의 취약성과 중국 의존도 문제는 보호무역 정책에 대한 지지를 강화했으며, 유권자들의 큰 호응을 얻었다.

둘째, 미중 패권 경쟁의 심화이다(Kim, 2024). 중국과의 경제·기술 격차가 좁혀지고 무역 갈등이 지속되면서, 유권자와 정책입안자들 사이에서는 중국의 불공정 무역관행에 대한 우려가 커졌다. 이는 강력한 보호무역 정책의 필요성에 대한 초당적 합의로 이어졌고(Agrawal & Tai 2023), 결과적으로는 경제적 불안과 지정학적 경쟁이라는 두 요인의 결합이 미국을 새로운 보호주의 시대로 이끌었다고 평가할 수 있다.

3. 트럼프 2기 행정부의 통상정책

2025년 1월 20일 출범하는 트럼프 2기 행정부는 보호주의 통상정책을 더욱 강화할 것임을 예고하고 있다. 특히 공화당이 대통령직과 함께 연방 상·하원을 모두 장악하는 이른바 레드 스윕Red Sweep을 달성함에 따라, 트럼프의 통상정책이 의회의 제도적 견제 없이 추진될 수 있는 상황이 조성되어 미국발發 보호주의가 더욱 강화될 전망이다.

트럼프 2기 행정부 통상정책의 핵심은 관세를 통한 보호무역의 강화이다. 트럼프 당선인은 "관세는 내가 들은 가장 아름다운 말이자 듣기 좋은 말To me, the most beautiful word in the dictionary is tariff"이라며 관세 활용을 핵심 공약으로 내세웠다. 구체적으로 모든 수입품에 10-20%의 일괄 관세를, 중국 수입품에는 최대 60%의 고율 관세를 부과하겠다고 공약했다. '눈에는 눈, 관세에는 관세' 원칙하에 타국의 고관세에 맞대응하겠다는 입장도 밝혔으며, 2024년 11월 25일에는 취임 당일부터 멕시코와 캐나다에 25%, 중국에 10%의 추가 관세를 부과하겠다고 선언했다.

주목할 만한 점은 관세가 경제적 수단을 넘어 외교·안보정책의 도구로 활용될 것이라는 점이다. 트럼프 당선인은 펜타닐fentanyl 유통과 불법 이민자 문제 해결을 위해서도 관세를 활용할 것이며, 동맹국들의 방위비 분담금 증액과 시장개방 압박 수단으로도 관세를 활용할 것임을 밝혔다. 트럼프 당선인이 재무장관으로 지명한 스콧 베센트Scott Bessent도 관세는 대통령의 대외 정책 목적 성취에 유용한 도구라고 밝힌 바 있다. 비슷한 맥락에서, 트럼프 당선인은 지난 2024년 11월 30일, 브릭스BRICS를 향해 어떠한 방식으로든 달러 패권에 도전하면 100% 관세를 부과할 것이라 위협했다. BRICS 국가들, 특히 러시아와 중국을 중심으로 '달러 패권'에 대한 위협이 고조되고 있다는 조짐이 보이자 이를 막기 위한 대책으로 관세 위협 카드를 꺼낸 것으로 해석된다.

과연 트럼프 당선인은 본인이 공약해온 관세정책을 실현할 수 있을까? 제도적으로 충분히 가능하다. 미국 헌법은 관세 부과 권한을 의회에 부여하고 있으나, 행정부는 다양한 법적 근거를 통해 관세정책을 추진할 수 있다. 구체적으로 ▲1930년 관세법 제338조(공공이익 관련) ▲1962년 무역확장법 제232조(국가안보 관련) ▲1974년 무역법 301조(불공정무역 대응) ▲국제긴급경제권한법(비상상황 대응) 등 법안에 의해, 특정 조건 또는 목적에 부합할 경우 대통령이 관세를 인상할 수 있다. 트럼프 1기 행정부 무역대표부Office of the United States Trade Representative: USTR 대표 로버트 라이트하이저Robert Lighthizer는 현재의 무역적자 규모가 이러한 법적 근거들을 활용한 관세 부과의 정당성을 뒷받침한다고 주장했다. 더욱이 2019년 트럼프 정부가 추진했던 상호무역법United States Reciprocal Trade Act이 재추진되고, 공화당이 다수를 차지하고 있는 상·하원에서 통과될 경우, 대통령의 관세 부과 권한은 더욱 확대될 전망이다.

또한, 트럼프 2기 행정부는 1기와 마찬가지로 다자간 무역협정을 거부하고 무역협정 재협상을 추진할 것으로 예상된다. 특히 USMCA 재협상이 우선 과제로 꼽힌다. 2026년으로 예정된 USMCA 첫 이행점검을 계기로 자동차 부문 원산지 규정 강화와 노동 조항 개정을 추진할 것으로 보인다. 이후에는 다른 무역협정들도 재협상 대상이 될 수 있다. 특히 전기차Electric Vehicle: EV 산업을 미국 안보의 핵심 부문으로 규정하면서, 관련 원산지 규정 강화를 중심으로 한 협정 개정을 추진할 가능성이 크다. 한국의 경우 미국의 8대 무역 적자국이며, 트럼프 당선인이 2018년 한미 FTA 개정을 주요 성과로 강조한 만큼 추가 개정 압박도 가능하다.

III. 미국 통상정책의 미래

1. 트럼프 2기 행정부의 통상정책에 대한 단기 전망

트럼프 2기 행정부의 통상정책은 2026년 중간선거를 분기점으로 그 강도와 성격이 변화할 것으로 전망된다. 재선 기회가 없는 트럼프에게 중간선거 승리는 레임덕lame-duck 방지를 위한 핵심 과제이며, 이에 따라 통상정책도 국내정치적 고려하에 전개될 것으로 보인다.

관세정책은 '강경책 추진 후 전략적 완화'의 패턴을 보일 것으로 예상된다. 취임 초기에는 공약대로 강력한 관세정책을 추진하되, 중간선거가 다가오면서 점진적으로 수위를 조절할 가능성이 크다. 선거 승리를 위해서는 다국적 기업 등 기업 이익집단의 도움이 필수적이므로, 이들이 관세정책으로 직간접적으로 피해를 볼 가능성을 최소화하기 위해, 유권자들 입장에서 가시성이 떨어지는 '비관세장벽'을 정비함으로써 이득을 도모하거나 예외조항을 둘 가능성이 크다. 무엇보다도, EU, 중국 등 주요 무역국들의 보복 조치가 예상되는 만큼, 미국 내 경제에도 상당한 부정적인 효과가 있을 것으로 예상되며, 결국 중간선거에 악재가 될 수 있기 때문에 관세 완화는 선택이 아닌 필수 사항이 될 가능성이 크다. 실제로 트럼프 집권 1기 때 있었던 2018년 중간선거에서 주요 무역국들의 보복 관세가 민주당의 하원 18석 다수당 지위 획득에 결정적 역할을 했다는 연구 결과가 있다(Blanchard et al. 2019). 특히 중국의 관세 보복은 경합이 치열한 의회 선거구에 위치한 지역에서 많이 생산되는 미국 상품들을 체계적으로 겨냥하여 이루어졌으며, 이 지역들에서 공화당 후보들이 패하는 경우가 많았다(Kim & Margalit 2021). 덧붙여서, 관세 인상은 결국 수입품 및 수입 원자재의 가격 상승이 필연적이라는 측면에서 물가 상승을 더 부추길 것이고, 결국 중간선거를 앞두고 관세를 다시 완화할 수밖에 없는 상황이 도래할 가능성이 크다.

한편, 트럼프는 다른 국가들의 양보 또는 미국 제조업의 성장세를 이유로 중간선거 전에 전격적으로 '관세 완화'를 활용하여, 본인의 정책 성과를 과시하고 부정적 경제 효과로 인한 트럼프 비판론을 완화할 여지가 크다. 이러한 양상은 트럼프 집권 1기의 미중 무역전쟁 사례에서도 확인할 수 있다. 미중 무역전쟁이 악화일로를 걷는 상황에서, 트럼프는 대통령 선거를 앞둔 2020년 1월 15일 '1단계 무역합의Phase One Deal'를 통해 무역전쟁 수위를 낮추고, 이를 자신의 공격적 통상정책이 중국의 양보를 이끌어낸 결과라고 포장한 전례가 있다.

무역협정 재협상의 경우, 트럼프는 2024년 유세 때부터 지속적으로 제안해온 USMCA 재협상을 중간선거용 카드로 적극 활용할 수 있다. 미국의 무역적자를 해소하기 위한 가시적인 정책으로서 유권자들에게 직접적이면서도 효과적인 메시지를 전달할 수 있는 정책이자, 동시에 USMCA 재협상을 볼모로 이민자 또는 마약 문제와 같은 국내 주요 이슈들에 대한 타결책으로, 캐나다와 멕시코의 양보를 지속적으로 이끌어내고자 할 것이다.

2. 미국의 보호주의 통상정책은 계속 지속될 것인가?

중간선거를 목전에 둔 트럼프 2기 행정부가 관세 정책의 수위를 조절할 수도 있지만, 기본적으로 보호주의를 표방한 통상정책이 포기될 것이라고 예상하기는 어렵다. 그렇다면 트럼프 2기 행정부 이후에도 미국의 보호주의 통상정책은 당분간 계속 유지될 것인가?

상기한 미국발 보호주의의 두 가지 동력 - 미국 유권자들의 경제적 불안과 미중 경쟁 국면 - 은 앞으로도 쉽게 사라지지 않을 것이다. 미국 유권자들은 오랫동안 세계화를 미국에 주로 긍정적인 것으로 인식해왔지만 최근 높은 가격을 감수하더라도 경쟁국과의 공급망 디커플링decoupling을 선호하고, 특히 퓨 리서치 센터Pew Research Center의 설문에 따르면, 59%의 미국인들이 다른 국가들과의 무역 증가로 미국이 얻은 것보다 잃은 것이 더 많다고 보고 있다(Gracia 2024). 이러한 인식이 변화하기 위해서는, 유권자들이 경제세계화가 아닌 보호주의 통상정책을 추진함에 따라 미국의 경제가 침체되고 일자리가 줄어들 수 있음을 인식해야 한다. 조세 재단Tax Foundation의 최근 연구에 따르면, 많은 경제학자들이 우려했듯 미국의 보호주의 통상정책은 장기 GDP 전망, 자본 축적, 그리고 일자리 창출 등 거시경제지표에 부정적 영향을 끼치고 있다(York 2024). 또한 Autor et al.(2024)의 최근 연구에 따르면, 트럼프 1기 행정부부터 시작된 미국의 보호주의 정책은 특히 농업 분야에서 고용에 부정적인 영향을 미쳐왔으며, 실질적인 소득에도 긍정적인 영향을 주지 않았다. 이러한 경제적 부정 효과에 대한 소식에 유권자들이 점점 노출되면 보호주의 정책에 대한 지지가 서서히 감소할 것이다.

그러나 아무리 객관적인 경제 지표상 보호주의 무역으로 인한 손실이 두드러지더라도, 보호주의 아이디어가 '정치화'됨에 따라 유권자들의 인식은 쉽게 변하지 않는 실정이다. 경제에 미치는 부정적인 파급효과에도 불구하고, 미국 유권자들은 보호주의 통상정책을 펼치는 정치인에게 더 많은 지지를 보내고 있다(Autor et al. 2024). 특히, 대중들의 정책지지도는 보호주의 통상정책의 목표 국가target country가 설정되었을 때 그렇지 않은 경우보다 상승하며, 이러한 이른바 '타겟 효과target effects'는 보호주의로 인한 경제적 손실에 대한 정보가 주어진다 해도 여전히 유지되는 경향이 있다(Kim et al. 2023). 특히 미국의 경우, 유권자들은 미중 무역전쟁 국면에서 무역상대국의 '불공정 무역 관행'에 대한 정보가 주어졌을 때 지도자의 보호주의 정책을 더욱 지지하며, 심지어 보호주의 정책을 펼치지 않는 지도자에게는 낮은 신뢰도를 보여준다는 최근 연구도 존재한다(Cho & Yang 2024).

미중 경쟁의 양상 역시 앞으로 더욱 격화될 것이며, 이에 따라 중국에 대한 위협 인식도 줄어들지 않을 것이다. 이미 지속적인 무역 갈등과 중국과의 전략적 경쟁은 무역 문제에 강경한 입장을 취해야 한다는 초당적 합의를 이끌어냈다(Carothers & Sun 2023; Wang 2019). 중국을 전략적 경쟁자로 인식하는 시각은 보호주의 정서를 계속해서 자극할 가능성이 높으며, 의회의 양당은 중국의 불공정한 관행으로 인식되는 문제들로부터 미국의 경제적 이익을 보호하려는 노력을 지속할 것으로 보인다.

IV. 결론

본 연구는 미국 통상정책의 역사적 맥락에서 최근의 보호주의 회귀 현상을 분석하고, 트럼프 2기 행정부의 통상정책 방향을 전망했다. 분석 결과, 미국의 보호주의 통상정책은 단기적으로는 2026년 중간선거를 전후로 그 강도가 조절될 것이나, 장기적으로는 당분간 지속될 것으로 예상된다.

구체적으로, 트럼프 2기 행정부는 통상정책 분야에 있어서 취임 초기, 강력한 관세 인상과 무역협정 재협상 등 공격적인 보호무역 조치를 취할 것으로 예상된다. 그러나 2026년 중간선거를 앞두고는 관세로 인한 물가상승과 무역상대국의 보복조치로 인한 경제적 악영향을 최소화하기 위해 정책의 수위를 조절할 가능성이 높다. 특히 과거 트럼프 1기 행정부 시절 중국과의 '1단계 무역합의'처럼, 중간선거를 앞두고 관세 완화를 통해 정책 성과를 과시하고 경제적 부작용에 대한 비판을 상쇄하려는 것으로 전망된다.

장기적인 관점에서 볼 때, 미국의 보호주의 통상정책 기조는 당분간 지속될 것으로 예상된다. 이는 두 가지 구조적 요인에 기인한다. 첫째, 세계화와 자유무역에 대한 미국 유권자들의 부정적 인식이 쉽게 바뀌지 않을 것으로 보인다. 보호무역으로 인한 경제적 손실이 실제 사례를 통해 입증되고 있음에도 불구하고, 보호주의가 정치화되면서 유권자들의 지지는 오히려 강화되는 양상을 보이고 있다. 둘째, 미중 전략 경쟁이 심화되면서 통상정책은 점차 경제적 도구를 넘어 전략적 도구로 활용되는 추세이다. 중국을 전략적 경쟁자로 인식하는 시각은 초당적 합의를 이루고 있으며, 이는 보호주의적 정서를 지속적으로 자극할 것이다. 특히 첨단기술 분야에서의 경쟁이 심화되면서, 통상정책은 더욱 전략적으로 활용될 것으로 전망된다.

결론적으로, 미국의 보호주의 통상정책은 일시적 현상이 아닌 구조적 변화로 볼 수 있는 징후가 뚜렷하다. 세계 최대 경제대국인 미국의 이러한 정책 기조는 앞으로도 글로벌 무역 질서에 중대한 변화를 초래하고, 세계 각국은 새로운 무역 환경에 적응해야 할 것이다. 특히 한국과 같이 대외무역 의존도가 높은 국가들은 미국의 보호무역 기조 강화에 대비하여 수출시장 다변화, 공급망 재편, 산업 구조 고도화 등 중장기적 대응책을 조속히 마련해야 한다. 특히 미국을 중심으로 각 지역에서 강화되고 있는 보호주의 물결 속에서, 포괄적·점진적 환태평양경제동반자협정Comprehensive and Progressive Agreement for Trans-Pacific Partnership: CPTPP등 기존에 논의되어 온 경제협력체 가입을 가속화하여 '블록' 단위로 대응할 수 있는 협력 체계를 마련하는 것 또한 고려되어야 할 시점이다.

참고문헌

Agrawal, Ravi and Katherine Tai. 2023. "The White House's Case for Industrial Policy." *Foreign Policy,* March 2. https://foreignpolicy.com/2023/03/02/live-industrial-policy-katherine-tai-trade-economy-chips-inflation/. (검색일: 2024.12.12.)

Atkin, David, and Dave Donaldson. 2022. "The role of trade in economic development." *Handbook of International Economics.* 5. Elsevier: 1-59.

Autor, David, et al. 2024. "Help for the Heartland? The Employment and Electoral Effects of the Trump Tariffs in the United States." *National Bureau of Economic Research,* 320802. https://www.nber.org/system/files/working_papers/w32082/w32082.pdf. (검색일: 2024.12.12.)

Bailey, Michael A., Judith Goldstein, and Barry R. Weingast. 1997. "The institutional roots of American trade policy: Politics, coalitions, and international trade." *World Politics* 49, 3: 309-338.

Blanchard, Emily J., Chad P. Bown, and Davin Chor. 2024. "Did Trump's Trade War Impact the 2018 Election?." *Journal of International Economics* 148, 103891.

Carothers, Christopher, and Taiyi Sun. 2023. "Bipartisanship on China in a polarized America." *International Relations,* September 26: 1-27. https://doi.org/10.1177/00471178231201484

Cho, Ashton and Joonseok Yang. 2024. "Rewarding Belligerence: Public Opinion and Audience Costs in Trade Conflicts." Working Paper.

Essig, Joseph, et al. 2021. "The "Trump" effect: Political elite and support for free trade in America." *American Politics Research* 49, 3: 328-342.

Evenett, Simon J., and Michael Meier. 2008. "An interim assessment of the US trade policy of 'competitive liberalization'." *World Economy* 31, 1: 31-66.

Fetzer, Thiemo, and Carlo Schwarz. 2021. "Tariffs and politics: evidence from Trump's trade wars." *The Economic Journal* 131, 636: 1717-1741.

Fordham, Benjamin O. 2017. "Protectionist empire: trade, tariffs, and United States foreign policy, 1890-1914." *Studies in American Political Development* 31, 2: 170-192.

Gracia, Shanay. 2024. "Majority of Americans take a dim view of increased trade with other countries." *Pew Reseach Center Report.* https://policycommons.net/artifacts/14523068/majority-of-americans-take-a-dim-view-of-increased-trade-with-other-countries/15422717/. (검색일: 2024.12.12.)

Irwin, Douglas A. 2017. *Clashing over commerce: A history of US trade policy.* Chicago: University of Chicago Press.

Irwin, Douglas A. 2020. "Trade policy in American economic history." *Annual Review of Economics* 12, 1: 23-44.

Kim, Dong Jung. 2024. "US protectionism and competition with China." *The Washington Quarterly* 47, 2: 71-86.

Kim, Sung Eun, and Yotam Margalit. 2021. "Tariffs as electoral weapons: The political geography of the US-China trade war." *International organization* 75, 1: 1-38.

Kim, Sung Eun, Jong Hee Park, Inbok Rhee, and Joonseok Yang. 2023. "Target, Information, and Trade Preferences: Evidence from a Survey Experiment in East Asia." *American Journal of Political Science* 67, 4: 898-914.

York, Erica. 2024. "Tracking the Economic Impact of the Trump Tariffs." *Tax Foundation*, June 26 https://taxfoundation.org/research/all/federal/tariffs/. (검색일: 2024.12.12.)

Wang, Zhaohui. 2019. "Understanding Trump's Trade Policy with China: International Pressures Meet Domestic Politics." *Pacific Focus* 34, 3: 376-407.

6

트럼프 2기 행정부의 외교정책 전망:
외교정책결정집단을 중심으로

권보람 | 한국국방연구원(KIDA)

I. 2024년 트럼프 재선의 의미와 미국 외교정책

2024년 한 해동안 외교정책 전문가들은 미국 국내정치를 주요 변수로, 국제안보환경을 상수로 취급하면서 미국 대통령 선거 결과와 파급효과를 전망하는데 주력했다. 여론조사 기관의 예상과 달리 트럼프 Donald J. Trump 후보의 명확한 승리로 대선이 마무리되었고, 이제 전문가들은 이 현상을 이해하고자 노력하고 있다. 트럼프 당선인의 재선을 축하하고 의기투합하려는 각국 정상의 행보가 눈에 띄는 가운데 시리아에서 아사드 정권에 저항하는 반군세력이 갑작스럽게 승기를 잡는 등 국제정치의 역동성이 부각되고 있다.

"미국을 다시 위대하게Make America Great Again: MAGA" 운동을 중심으로 결집한 공화당 소속 대통령의 2024년 대선 승리는 현상타파 공약의 승리이자 미국 시장의 개방과 불필요한 국력의 해외투사를 거부하는 폐쇄적 의제closed agenda의 승리였다. 후보의 속성이나 양당의 선거 캠페인, 지지기반의 인구학적 변화도 중요했지만 현직자에게 불리한 구조적 요인이 유의미하게 작용했다. 이는 팬데믹 이후 확산된 인플레이션의 영향으로 현직자들이 대거 교체되는 세계적인 현상의 일부였다. 저자는 트럼프가 재선에 승리할 경우 공화당 내 보수적 민족주의 전통을 재조명할 필요가 있다고 주장한바 있다(권보람 2024). 특히, 미국의 국가 이익을 우선시하는 민족주의와 국제 공공재 제공 차원에서 대외개입을 중시하는 국제주의 간 조합이 어떻게 이루어지는지가 미국 외교정책의 방향성과 구체적 결과를 결정하는 데 영향을 줄 것이다. 트럼프 2기 행정부는 공화당이 행정부와 입법부, 사법부까지 장악한 단점정부로 출범하기 때문에 대통령 중심의 정책 추진력을 제도적으로 확보해 놓은 상태라고 볼 수 있다. 공화당 지도부는 반엘리트주의Anti-Elitism, 경제적 포퓰리즘populism으로 지지기반을 동원하고 연방정부에서 주와 지역 정부에 이르기까지 충성파를 기용하고 있기 때문에 대통령을 견제할 수 있는 세력이 약하다. 또한 트럼프의 재선으로 인해 MAGA 지지세력이 공화당 내 주류로 세력화되어 외부세력에 의한 운동정치가 정당정치를 지배하는 형국이다(손병권 2024). 트럼프 1기 행정부의 외교정책은 기존 자유주의적 국제질서를 타파하는 것을 지향하며, 국제규범과 제도를 거부하고 자유무역과 동맹체제를 재편하려는 성향이 강했다. 정책 추진력 확보에 더한 MAGA 의제의 선점이 예고되면서 공유된 가치가 아닌 이익 기반의 미국 우선주의가 트럼프 2기 행정부의 외교정책에 투사될 가능성이 더욱 커졌다.

이러한 평가를 바탕으로 본 장은 트럼프 대통령 개인 변수 외 공화당을 포함한 조직, 국가 수뇌부 차원의 외교정책결정집단을 조명함으로써 트럼프 2기 행정부의 외교정책을 전망한다. 미국이 당면한 국제안보현안 중에서 우선순위가 높은 러-우 전쟁에 초점을 맞추어 외교정책결정집단이 어떻게 작동할 수 있는지 살펴보고, 이것이 동맹국에 주는 함의를 도출한다.

II. 미국 외교정책결정집단의 구성

1. 개인

공화당에서 세 번 연속 대통령 후보로 지명된 도널드 트럼프는 이제 대중에게 익숙한 인물이다. 그의 2024년 유세가 2016년과 다른 점이 있다면, 새롭게 야기된 국제 위기에 대한 대응 의지 표명을 꼽을 수 있다. 트럼프는 2022년 2월에 발발한 러-우 전쟁에 의해 발생한 불필요한 인명 피해를 비판하고 미국의 국익과 부합하는 종전을 달성하겠다는 의지를 거듭 밝혔다(Knickmeyer 2024).[1] 그는 2021년 미국의 아프

---

[1] "I want the war to stop. I want to save lives. I think it's the U.S. best interest to get this war finished and just get it done."

가니스탄 철군으로 바이든Joe Biden 행정부의 취약성이 드러났고, 이는 러시아에 대한 억제 실패로 이어져 국제안보의 불안정을 초래했다고 주장했다(Rashid 2024).2 트럼프는 푸틴Vladimir Putin 의 무력사용이 기발하고 효과적이라고 평가하면서도, 자신의 임기 중에는 미국이 존중받기 때문에 러시아에 대한 억제가 유효했다고 강조했다(Dress 2022; Griffiths and Haltiwanger 2022).3 또한 바이든 행정부의 억제 실패로 심화된 강대국 간 연대와 핵경쟁에 대해서도 문제를 제기했다. 우선, 트럼프는 러시아와 중국 간 연대가 지난 3년 반 동안 강화되었고, 이란과 북한까지 합세한 상황에서 이들은 더 이상 다른 세력의 도움이 불필요한 단계에 이르렀다고 경고했다(Bloomberg 2024).4 나아가 핵무기의 파괴력을 강조하면서 바이든 행정부의 억제 실패로 핵

---

2 "When Putin saw [the U.S. withdrawal from Afghanistan], he said, 'You know what? I think we're gonna go in [to Ukraine] and maybe take my …' This was his dream. I talked to him about it. His dream."

3 "I said, 'How smart is that?' He's going to go in and be a peacekeeper. That's the strongest peace force. We could use that on our southern border. That's the strongest peace force I've ever seen. There were more army tanks than I've ever seen. They're going to keep peace, all right."; "If properly handled, there was absolutely no reason that the situation currently happening in Ukraine should have happened at all. I know Vladimir Putin very well, and he would never have done during the Trump Administration what he is doing now, no way!"

4 "This is a different world than it was three and a half years ago," "The worst thing that happened is we've allowed, because Biden is a stupid person, he's forced Russia and China to get married. They're married. Then they took in their little cousin, Iran, and then they took in North Korea. They don't need anybody else."

무기 사용이 쉽게 거론되는 등 정상화되었다는 지적과 함께 미국의 핵 사용 능력이 제대로 시연되지 못하고 있다고 비판했다(Trump 2024b).5 이런 배경 속에서 트럼프는 대외 개입에 대한 자제restraint, 특히 미군의 직접적인 군사개입에 일관되게 부정적인 태도를 보여왔다. 이는 2003년 부시 행정부의 이라크 전쟁을 공개적으로 비판하고 해외에서의 민주 국가 건설을 비판해온 이력과 일맥상통하는 모습이었다.

우크라이나 지원과 러시아 처벌 방식에 대한 입장 표명도 있었다. 트럼프는 나토North Atlantic Treaty Organization: NATO의 대응과 지원 부족 때문에 미국이 우선순위가 낮은 국제 분쟁에 과도하게 개입하며 국력을 낭비하고 있다고 비판했다(Trump 2024a).6 러시아를 처벌하는 경제 제재의 효과에 대해 부정적이었으며, 사후 대응보다 강한 억제에 기반한 공격 예방이 더 중요하다고 역설했다.7 그 와중에 자신의 첫 임기동

---

[5] "Russia has today threatened to use Nuclear Weapons, and we have Low IQ individuals, the same that messed up Afghanistan (who don't have a clue!), in charge of this deadly situation. NO GOOD — NOT ACCEPTABLE."

[6] "Why isn't Europe giving more money to help Ukraine? Why is it that the United States is over $100 Billion Dollars into the Ukraine War more than Europe, and we have an Ocean between us as separation! Why can't Europe equalize or match the money put in by the United States of America in order to help a Country in desperate need? As everyone agrees, Ukrainian Survival and Strength should be much more important to Europe than to us, but it is also important to us! GET MOVING EUROPE!"

[7] "What we're doing with sanctions is we're forcing everyone away from us. So I don't love sanctions… I found them very useful with Iran, but I didn't even need sanctions with Iran so much. I told China that, and Russia is in a similar position."

안 승인한 우크라이나 무기 지원 덕분에 우크라이나가 효과적인 방어전을 펼칠 수 있었다고 주장하기도 했다.8 트럼프는 협상을 통한 평화적 해결을 강조하며 푸틴 대통령, 젤렌스키Volodymyr Zelenskyy 대통령과 각각 직접 소통하여 24시간 내 종전 합의를 성공적으로 도출하겠다고 공언했다(Forest 2023).9 대선후보 TV토론 중 사회자가 구체적으로 어떻게 하루 내로 러-우 전쟁을 해결하겠냐는 질문에, 트럼프는 두 정상과 유지해 온 좋은 관계와 자신에 대한 존경심을 바탕으로 대통령 임기가 시작하기도 전에 협상을 성공시키겠다고 답했다(Schatz 2024).10 정치인의 선거 레토릭rhetoric을 있는 그대로 받아들이기는 어렵지만, 트럼프는 불필요한 비용을 부담하거나 전쟁에 연루되는 것을 강하게 거부한다. 이제 재선의 부담을 덜었기 때문에 외교정책 모험보다 평화 창출자peace maker로서의 업적을 만들고자 하는 욕구가 강할 수 있다. 즉, 이민과 경제 등 MAGA 국내 의제 관철을 충성파 관료에

---

8 "Russia has gotten in deeper than they ever thought possible [in Ukraine, because of] the weapons that I gave and that the Ukrainians used so well."

9 "If I'm president, I'll have that war settled in one day, 24 hours. I'll meet with Putin, meet with Zelenskyy… and within 24 hours, that war will be settled."

10 "I know Zelenskyy very well and I know Putin very well. I have a good relationship. And they respect your president. OK? They respect me. They don't respect Biden. How would you respect him? Why? For what reason? He hasn't even made a phone call in two years to Putin." "I will get it settled before I even become president. If I win, when I'm president-elect, and what I'll do is I'll speak to one, I'll speak to the other, I'll get them together."

일정 부분 위임한 채 본인은 정상외교를 통한 외교정책 성과 만들기에 집중하고자 할 수 있다.

2. 국가

미국 수뇌부가 연속성 있게 유지해온 국가전략, 즉 국가안보전략과 국방전략의 목표는 탈냉전 이후 미국과 중국 간 국력 격차가 예상보다 빨리 좁혀지면서 대중국 견제로 수렴했다. 특히 트럼프 1기 행정부 시절부터 중국은 미국의 군사적, 경제적 최우선의 위협으로 인식되었으며, 오랜 담론경쟁 끝에 미국 대전략의 궤도는 팽창주의가 아닌 축소지향적으로 조정되었다. 첫 임기동안 트럼프는 미국 우선주의를 표방하며 미국 주도의 자유주의적 국제질서를 재편하고 국제주의와 다자주의, 자유무역주의를 약화시키려는 의지와 행태를 보였다. 그럼에도 불구하고 수위primacy를 추구하는 대전략의 기본요소인 군사적 패권, 동맹국에 대한 안전보장, 국제제도와 시장으로의 통합, 그리고 핵 비확산은 유지되었다. 이는 미국 수뇌부의 전략적 중심성에 더해 미국 외교정책 결정을 주도하는 기득권층the establishment이 대통령을 효과적으로 견제했기 때문에 가능했다(Porter 2018).

2025년 이후 미국이 직면할 국제안보환경은 국내정치 상황, 대통령의 주도 능력에 더해 기존 수위 추구 전략에 변화를 야기할 가능성이 있다. 20여년동안 지속된 미국의 테러와의 전쟁은 공식적으로 종결되었지만 중동을 포함한 여러 지역 갈등이 여전히 진행 중이다. 러-우 전쟁, 이스라엘-하마스 전쟁이 지속되며 규칙기반 국제질서가 현격히 약화되었다. 코로나바이러스COVID-19 팬데믹 이후 지정학의 귀환과 함께 중국과 러시아가 밀착하고 있고, 대안적 질서 형성을 위한 강대국 간 경쟁이 심화하면서 탈진영적 글로벌 사우스Global South도 정치력을 확보했다. 또한 중국의 핵전력 확대가 가속화되면서 미국은 핵을 보유한 복수의 강대국을 동시에 억제해야 하는 부담이 생겼다. 한편, 인도-태평양 지역에서는 중국의 경제성장이 둔화되어 미중 간 세력균형 변화추이가 완화되는 가운데 미중 전략적 경쟁은 더욱 첨예화되었다. 미국 주도의 격자형 동맹 네트워크가 중국 주도의 경제, 안보 구조Global Security Initiative: GSI, Global Development Initiative: GDI와 대립하면서 한반도 주변에 한미일 대 중러북 대립 구도가 형성되었다. 이렇듯 미국의 글로벌 리더십에 대한 외부적 도전이 증대된 가운데 국내정치적으로는 재정적자 증대에 따른 위기감이 고조되었고, 정치적 양극화가 심화되어 민주적 거버넌스가 어려운 상황이다.

이러한 배경에서 파생되는 트럼프 2기 행정부의 외교정책 기조는 미국 우선주의 2.0, 대중국 우위 선점, 힘에 의한 평화Peace through Strength로 정리해볼 수 있으며, 이는 미국의 글로벌 동맹전략과 연계되어 있다. 첫째, 2024년 공화당 정강은 미국의 국익이 "미 본토 방어, 국민과 국경, 위대한 성조기, 신이 부여한 권리 보호에서 시작한다"고 규정하고, 미국의 외교정책은 가장 본질적으로 중요한 미국 국익 수호를 위해 수행된다고 공언했다. "미국의 국익에 따라 때로는 독립적으로 행동한다"고 명시한 것이 트럼프 2기 미국 우선주의 2.0의 특징이다(Fleitz 2024).

둘째, 중국은 미국의 인태지역 및 글로벌 리더십에 도전할 수 있는 유일한 경쟁국으로 반드시 저지해야 하는 대상이다. 미국은 중국의 군사적 위협, 특히 대만에 대한 거부적 방어 강화를 강조하고 있으며, 국가안보 논리를 앞세워 경제적 효율성보다 회복력을 강조하는 등 단기적 이익을 희생해서라도 미래 장기 경쟁에서 승리하고자 전략적 기반을 구축하고 있다. 아울러 미국은 이러한 목표를 달성하기 위해 동맹국의 역할과 책무를 강조하고 있으며, 이에 따라 불확실한 미래의 이익을 위해 현재의 비용을 감수하게 만드는 대중국 디커플링decoupling 압박이 동맹국에게 더 강하게 가해질 전망이다. 군사안보적인 차원에서 미국은 전략적 경쟁에서 승리하기 위해 인태지역 내 동맹의 군사 및 국방자원의 통합을 추진하며 군사력 건설, 핵전력 증강 및 현대화를 추구하는 한편, 산업자원 통합까지 시도하며 동맹 협력에 기반한 방위산업 기반 증진에 총력을 기울이고 있다(CSIS 2024). 이러한 변화는 동맹 활용 전략이 미국의 동맹역할 확대, 동맹자원 활용 극대화, 비용 절감을 위한 동맹국과의 핵-재래식 안보지원 분업화 등의 방식으로 진화하고 있음을 보여주고 있다. 특히 핵 억지에 기반한 미국의 안보 지원은 지속되지만, 동맹국이 재래식 군사안보에 기여할 것을 확대하는 요구는 한층 강해질 전망이다(The Heritage Foundation 2023).[11]

---

[11] "재래식 전력: 중국에 대한 거부적 억제를 강화한다. 미국 재래식 전력 계획을 중국의 대만 침공을 최우선 과제로 설정해 대비하고, 동시에 발생할 수 있는 전쟁에 대해 최우선적으로 자원을 배분한다. 동맹국들은 재래식 방어에 대한 책임과 역할을 확대해야 하며, 중국뿐 아니라 러시아, 이란, 북한의 위협에 대비해야 한다. 특히 한국이 북한에 대한 재래식 방어를 주도할 수 있도록 능력을 부여한다." Project 2025, 4장 국방부(Christopher Miller)

셋째, 공화당 정강은 미국군을 세계에서 가장 강력하고 현대화된, 치명적 군대로 발전시킬 것을 천명하고 첨단과학기술에 대한 투자를 강조했다. 미국은 특히 두 개 이상의 전구에서 동시적, 전략적으로 발생할 수 있는 분쟁 가능성에 대한 검토와 경계를 높이고 다양한 처방을 내리고 있다(RAND Corporation 2024). 일례로 상원 군사위원장 로저 위커Roger Wicker가 주도해서 작성한 "21세기 힘에 의한 평화: 미군에 대한 투자21st Century Peace Through Strength: A Generational Investment in the U.S. Military" 보고서는 미국 국방예산 5% 인상을 비롯한 핵전력 확대 등을 파격적으로 제언하고 있다.

3. 조직

외교정책결정집단에서 조직, 그 중에서 정당은 정권 획득과 다수당 지위 확보를 추구하면서 당론을 통해 지지기반의 다양한 이해관계를 조율하고 결집하는 역할을 수행한다. 공화당은 2016년 트럼프가 아웃사이더 대통령으로 선출된 이래, 전통적 보수 정당에서 트럼프의 당으로 변모했으며, 이는 당내 통제와 개인화를 토대로 기존 보수 지지층을 선동하고 동원하는 그의 전략에 따라 건설된 측면이 있다(김유진, 강인선 2024). 2020년 재선에 실패하고 2022년 중간선거에서 민주당이 선전하면서 트럼프의 당내 입지가 약화되는 고비도 있었지만, 그는 트럼피즘에 기반해 큰 어려움 없이 경선을 통과하며 재선에 성공했다. 그의 재선으로 공화당은 MAGA를 지향하는 이념적 지지자들을 중심으로 더욱 결집하게 되었으며, 당과 의회, 연방정부 내 주요 보직에 MAGA 인사가 대거 지명되고 있다.

MAGA 세력이 공화당의 주류가 된 듯하지만 여전히 당내에는 다양한 정파가 공존하고, 주요 외교정책 현안에 대한 차별적 비전 내지는 정책 선호도와 처방을 제시하고 있다. 보수적 민족주의자들은 대체로 미국의 생활방식과 사회를 보존하기 위해 대외관여deep engagement에 신중하지만, 외교정책에 대한 다양한 동기 중심으로 적극적 개입주의에서 소극적 비개입주의에 이르는 스펙트럼에 그려질 수 있다. 한 축에는 글로벌 공공재 제공을 부담하고 대외문제에 적극 개입하고자 하는 보수적 개입주의 성향의 전통적 공화당 세력이 있는가 하면, 다른 한 축에는 비용을 절감하고 국제분쟁에 대한 연루를 피하려는 보수적 비개입주의 세력이 있다(Dueck 2019, 33).[12] 그리고 그 사이에는 국제규범을 배제한 미국 일방주의를 주창하고 평소 비개입을 유지하다가 미국 이익이 침해 받으면 몇 배로 강하게 응징하는 보수적 강경주의 hard-liner 세력이 있다. 트럼프가 이처럼 개입주의적이면서 비개입주의적 성향을 동시에 보유하고 있다.

---

[12] "the basic hardline instinct is to maintain very strong defenses, punish severely any direct threat to U.S. citizens, refuse international accommodations, and otherwise remain detached from multilateral commitments."

4. 소결

미국 외교정책결정집단을 개인, 국가, 조직 차원에서 살펴보면 이질적인 동기를 갖는 행위자들이 공존하기 때문에, 미국의 대전략 아래 외교정책의 방향성이 결정되어도 추진 내용과 강도는 개별 혹은 연합하는 행위자들의 연합coalition과 능동성agency으로 인해 조정될 수 있다. 트럼프가 2024년 대선에서 총 득표수와 선거인단의 과반 이상을 얻어 국민으로부터 강한 권한을 부여 받았다고 자평하고 있기 때문에, 외교정책으로 미국 우선주의를 더욱 노골적으로 발산할 전망이다. 의회를 우회해서 본인 주도로 외교정책을 추진할 가능성이 높고, 입법보다 행정명령에 대한 높은 의존도를 보일 수 있다. MAGA 충성파들이 막강한 외교정책 결정 권한을 갖고 있는 대통령을 성공적으로 호위한다면 미국 예외주의 기조는 약화되고 미국 국력과 영향력에 결정적 변화를 가져올 수 있다. 다만 각료들의 실전 대응 능력과 의회와 관료제의 절차, 국가안보 전문가 집단의 영향력을 간과할 수 없기 때문에, 외교정책결정집단 내 다양한 행위자들의 상호작용을 통해서 최종 미국 외교정책 산물이 도출된다고 보는 접근법이 필요하다.

앞으로는 조직 내 MAGA 세력의 결집이 얼마나 지속되는지가 중요하다. 이념이 아닌 실리 중심의 사고를 하는 트럼프는 MAGA 세력과 정체성이 일치하지 않는다. 단적인 예로 트럼프 지지자의 상당수는 그의 말을 기본적으로 신뢰하지 않는 것으로 조사되었다(McCreesh 2024). 금년도 대선에서 트럼프를 지지한 사람들, 특히 2020년에 비해 과반 이상이 트럼프를 지지한 청년층(18-29세) 중에는 이민과 기후변화, 작은 정부에 대한 MAGA 의제에 동의하지 않는 사람은 절반 정도였다 (Thomson-Deveaux 2024). 게다가 현재 MAGA 운동의 핵심은 트럼프 개인이며, 그를 대체할 인물이 없는 상황이다(Siders 2024). 이는 대선에서 승리하기 위해 MAGA 깃발 아래 모인 지지자들의 결집 정도가 트럼프 2기 행정부 집권 기간 동안 약화될 가능성을 내포한다. 주어진 4년이라는 대통령 임기가 실제 정책을 수행하고 평가하기에 얼마나 충분한 시간인지 불분명하다. 따라서 실제 트럼프의 정책 내용이나 실효성보다 변화라는 시대 정신을 좇아 그를 선택한 유권자들의 기대와 인내심도 중요한 변수이고, 국가나 조직의 이익보다 사익을 중시하는 트럼프 개인도 중요한 영향 요인이다. JD 밴스James David Vance와 일론 머스크Elon Musk로 각각 대표되는 포퓰리즘과 역동주의가 진화하고 융합됨으로써 미국 공화당의 미래에 유의미한 영향을 줄 것이다(Douthat 2024).

III. 러-우 전쟁 사례 적용

2022년 러-우 전쟁 발발 이후부터 2024년 선거기간 동안 트럼프의 관련 발언을 보면, 바이든 행정부가 미국의 국익과 무관한 유럽 전쟁에 과도하게 개입하는 우를 범하고 있다는 지적이 핵심이다. 비용을 절감하고 연루를 회피하고자 하는 미국 외교정책결정집단의 개인과 조직의 동기와, 대중국 우위를 선점하려는 국가의 동기가 합치되기 때문에 종전은 불가피해 보인다. 우크라이나 국민은 물론, 미국 국민도 전쟁에 대한 피로도가 높다. 지난 8-10월에 실시한 갤럽조사에 따르면 우크라이나 응답자의 52%가 가능한 빠른 종전을 원하고, 종전 지지자 중 52%는 빼앗긴 영토를 일부 양보할 수 있다는 입장을 보였다(Vigers 2024). 우크라이나 지원에 대한 미국인의 의견을 묻는 11월 퓨리서치센터Pew Research Center 조사에서는 당파적 결과가 도출되었다. 공화당 지지자의 42%가 미국이 우크라이나에 과도한 지원을 해준다는 입장인 반면 민주당 지지자의 13%만 이에 동조했으며, 공화당 지지자 중 러시아 침공에 대해 우크라이나가 스스로 방어할 수 있도록 돕는 것이 미국의 책임이라고 인식하는 응답자는 36%로 민주당 지지자의 65%보다 현저히 낮았다. 아울러 러시아의 우크라이나 침공이 미국 국익에 대한 주요 위협이라고 보는 민주당 지지자는 42%인 반면 공화당 지지자는 19%에 그쳤다(Copeland 2024).

미국이 러-우 전쟁 당사자에게 제안하는 협상안은 키스 캘로그Keith Kellogg 우크라이나 특사가 주도해서 설계하고 대통령이 승인하는 방식으로 결정될 것이다. 트럼프 당선인은 선거 직후 양국 정상과 연락했으며, 이미 젤렌스키 대통령과 직접 만난 바 있다. 공화당 내 러-우 전쟁에 대한 다양한 시각이 있기 때문에 실제 해법은 이와 조율될 여지가 있다. 켈로그 특사는 러시아에게는 우크라이나에 대한 살상무기 지원 확대 가능성과 우크라이나 나토 가입 지연을 채찍과 당근으로, 우크라이나에게는 무기 지원 축소나 전격 중단 가능성을 매개로 협상을 추진할 계획이다. 그는 우크라이나가 영토 회복을 포기할 필요는 없지만 시간이 걸리더라도 외교적 수단만 활용할 것을 약속해야 한다는 입장이다. 부분적인 대러 제재 완화와 우크라이나 재건을 위한 러시아의 자금 지원이 필요하며, "포괄적이고 검증가능한, 안전보장을 제공해주는 합의"를 지향해야 한다고 주장한다(Kellogg and Fleitz 2024). 트럼프는 본인이 러-우 전쟁 종결에 결정적 역할을 할 수 있을 것으로 믿고 있는데, 이는 평화 창출자로서의 업적 만들기 동기가 강하게 작용하기 때문이다. 그러나 트럼프 개인의 종전 의지가 충만하다고 러-우 전쟁 당사자와 이해관계자, 전황이 자동으로 협조해주는 것은 아니다. 미중 전략적 경쟁이 심화되는 가운데 러-우 전쟁의 종전을 계기로 미-러 관계가 회복될 가능성도 있지만, 예비협상 단계에서 푸틴이 과도한 요구를 하게 될 경우, 트럼프가 수용하지 않을 수 있고, 전쟁은 예상보다 오래 지속될 수 있다.

공화당 내 러-우 전쟁에 대한 지원과 종전 방식에 대한 여러 시각이 존재한다. 보수적 개입주의 성향의 사람들은 러시아의 불법적 우크라이나 침공이 자유주의 국제질서와 주권에 주는 부정적 영향을 비판하고, 미국의 전략적 이익에 부합하기 때문에 우크라이나에 대한 지원 지속을 주장한다. 일례로, 조지 W. 부시George W. Bush 행정부 때 국가안전보장회의National Security Council: NSC와 국무부에서 근무한 코리 샤케Kori Schake는 군사력으로 뒷받침되는 외교가 전쟁을 억제할 수 있는 것인데, 바이든 행정부는 미 정보당국이 우크라이나와 나토 동맹국에게 러시아의 공격이 임박했음을 알리는 상황에서 미흡하게 대처했을 뿐 아니라 왜 우크라이나 방어가 대승적으로 중요한지 충분히 설명하지 못했다고 비판했다(Schake 2022). 그는 러-우 전쟁을 통해 미국이 2023년 국방지출의 5% 미만을 투입하고 미군을 단 한 명도 희생시키지 않으면서 전략적 이익을 확보했다고 주장했다. 전쟁은 러시아군을 소모했고, 러시아의 불법 행위를 묵인하는 중국의 국제적 위상을 약화시켰기 때문에 미국에게 더 유리한 환경이 조성되었을 뿐 아니라, 우크라이나 지원을 위한 유럽과 아시아 동맹국의 자발적 참여를 유도해 미국의 입지가 강화되었다는 논리였다(Schake and Tavares 2023). 연방정부 지출을 줄이고자 하는 공화당의 목표는 중요하지만, 미국의 우크라이나 지원금의 60%가 미국 방위산업에 환원되는 효과가 있기 때문에 우크라이나에 대한 지원을 확대해야 한다고 주장하기도 했다(Schake 2023).

국무장관을 역임한 마이크 폼페이오Mike Pompeo는 현 행정부의 제한적 무기 지원을 적극적 무기 지원으로 전환할 것을 촉구하고 강력한 대러 경제제재 추진을 주장했다. 그는 유럽보다는 중국에 초점을 맞춰야 하고 나토의 방위비 분담율을 3%로 인상해 유럽 자체의 방위력을 키울 필요가 있음을 강조했다(Urban and Pomepo 2024). 공화당 상원 원내대표 미치 맥코넬Mitch McConnell을 비롯 2024년 4월, 의회 표결 당시 우크라이나 지원법에 찬성한 의원들(상원 22명, 하원 101명)도 보수적 개입주의 성향이라고 볼 수 있다.

공화당 내 아시아 중시 기반 선택적 개입주의를 옹호하는 인사들도 있는데, 처방은 크게 두 가지로 나뉜다. 전임 국방부 부차관보 엘브리지 콜비Elbridge Colby나 미주리주 상원의원 조시 홀리Josh Hawley는 중국의 견제가 최우선 순위이기 때문에 우크라이나 지원을 제한하고 대만 유사시에 대비하여 인태지역에 미군의 전력과 자원을 비축해야 한다고 강조한다.

한편, NSC 자문위원이었던 제이콥 그리기엘Jakub Grygiel은 중국을 견제하기 위해 진정한 아시아 우선을 달성하려면 유럽에 대한 살상 무기 지원을 확대해 적극적 억제를 강화할 필요가 있다고 역설한다(Grygiel 2024).

마지막으로 보수적 강경주의 성향의 인사들은 미국 본토 방어와 국내문제 우선주의를 토대로 우크라이나에 대한 지원 제한을 주장한다. 러–우 전쟁의 종전 없이는 미국의 탈유럽과 인태지역 집중이 불가능하기 때문에, 평화협상을 통한 조속한 종전과 우크라이나 안전보장을 위한 나토 동맹국의 국방력 강화와 역할 확대를 촉구한다. 대표적으로 밴스는 유럽에 대한 미국의 안보 공약 축소와 아시아 집중을 역설하며 우크라이나 문제를 미국의 우선순위로 삼는 것에 반대한다. 지원 자체를 거부하기보다 우크라이나가 자국의 문제를 스스로 해결할 수 있도록 돕는 수준만 허용해야 한다고 선을 긋는다. 밴스는 현 수준의 러–우 영토 경계를 기준으로 비무장지대를 건설하고 우크라이나의 독립과 중립을 보장하며, 미국의 중장기적 지원이 어떤 형태로든 유지된다는 내용의 협상안을 제안하기도 했다. 우크라이나의 빼앗긴 영토 수복과 나토 가입은 불허하지만 비무장지대 수호를 위한 미국의 중장기적 지원은 일정 정도 유지하겠다는 내용이었다(Ferguson 2024).

트럼프가 대통령직을 수행하는 동안 MAGA 기반 보수적 강경주의 성향의 외교정책이 우세할 것으로 예상된다. 2025년에 트럼프가 의회에 우크라이나 지원을 요청하지 않는다면 지원은 자연스럽게 중단될 것이다. 그럴 경우, 상하원에 남아 있는 전통적 공화당 세력인 보수적 개입주의자들이 제도와 절차를 통해, 소신과 지역구의 특성에 따라 우크라이나 지원 중단을 막으려는 등의 초당적 노력에 동참할 가능성은 여전히 있다. 개인 외에도 국가, 조직 차원의 외교정책결정집단이 작동함으로써 최종 정책결정이 이루어지는 과정을 이해하고 불확실성의 범위를 좁혀 나가는 노력이 중요하다.

IV. 결론

트럼프 2기 행정부의 외교정책에 대한 불확실성과 예견되는 방향성은 동맹국에게 큰 부담이다. 트럼프 개인의 동맹에 대한 부정적 시각도 있지만, 공화당 내 보수적 민족주의자들은 기본적으로 동맹에 대해 회의적이고 이들의 안보 편승을 방지하고 연루를 회피하는 것이 국익을 위해 필요하다고 인식한다(Priebe et al. 2024, 154-155). 트럼프 집권 시 어떤 외교정책 현안을 우선시할지는 불분명하지만 현재로서는 개인, 국가와 조직 차원의 동기가 합치되는 러-우 전쟁 해결부터 시도할 가능성이 높아 보인다. 이 전쟁은 한국과 지리적으로는 거리가 멀지만 지정학, 지경학적으로 한반도 안정과 연계되어 있다. 러시아와 북한이 군사 동맹을 맺고 북한군이 러시아 쿠르스크 지역에 파병된 상황인 만큼, 대북 협상의 우선순위가 높아질 가능성이 있다. 최근 트럼프가 러-우 전쟁 종전에 대한 중국의 기여 필요성을 언급하기 시작한 것을 보면, 유럽과 아시아를 연계하는 이 현안이 다자화되어 관리와 대응이 더욱 복잡하고 어려워질 수 있다. 또한, 중국을 견제하기 위해 인도-태평양 지역에 군사적, 외교적, 경제적 자산을 집중하려는 미국의 거대 계획에도 다시금 차질이 빚어질 수 있다. 트럼프의 이념 아닌 실익과 협상 기반의 정책결정 방식은 미국을 설득할 수 있는 여지를 제공해주기 때문에, 신중하면서도 창의적인 대비가 필요하다.

참고문헌

권보람. 2024. "미국 공화당의 미래와 한반도 안보." 『EAI 이슈브리핑』. https://eai.or.kr/new/ko/pub/view.asp?intSeq=22501&board=kor_issuebriefing. (검색일: 2024.12.19.)

김유진, 강인선. 2024. "트럼프의 공화당 장악: 트럼프의 정당 건설, 공화당 엘리트와 지지층을 중심으로." 『국제지역연구』 33, 2: 37-69.

손병권. 『티파티 운동과 위대한 미국 운동』. 서울: 서울대학교출판문화원. 2024.

Bloomberg. 2024. "The Donald Trump Interview Transcript." July 16. https://www.bloomberg.com/features/2024-trump-interview-transcript/. (검색일: 2024.12.19.)

Christopher Miller. 2023. "Department of Defense." In *Mandate for Leadership: The Conservative Promise*. ed. Dans, Paul and Steven Groves. 91-131. United States of America: Project 2025. (검색일: 2024.12.19.)

Copeland, Joseph. 2024. "Wide Partisan Divisions Remain in Americans' Views of the War in Ukraine." *Pew Research Center*, November 25. https://www.pewresearch.org/short-reads/2024/11/25/wide-partisan-divisions-remain-in-americans-views-of-the-war-in-ukraine/. (검색일: 2024.12.19.)

CSIS. 2024. "National Security Advisor Jake Sullivan on Fortifying the U.S. Defense Industrial Base." December 4. https://www.csis.org/analysis/national-security-advisor-jake-sullivan-fortifying-us-defense-industrial-base. (검색일: 2024.12.19.)

Douthat, Ross. 2024. "JD Vance, Elon Musk and the Future of America." *New York Times*, December 7. https://www.nytimes.com/2024/12/07/opinion/vance-musk-trump.html. (검색일: 2024.12.19.)

Dress, Brad. 2022. "Trump on Putin Plan to Recognize Breakaway Ukraine Regions: 'This Is Genius.'" *The Hill*, February 22. https://thehill.com/policy/international/595373-trump-on-putin-plan-to-recognize-breakaway-ukraine-regions-this-is/. (검색일: 2024.12.19.)

Dueck, Colin. 2019. *Age of Iron: On Conservative Nationalism*. New York: Oxford University Press.

Ferguson, Niall. 2024. "Trump, Vance's Doctrine of Military Realism a Sign of Hope for Ukraine – and Not Isolationist." *New York Post*, July 23. https://nypost.com/2024/07/23/opinion/trump-vances-doctrine-of-military-realism-a-sign-of-hope-for-ukraine-and-not-isolationist. (검색일: 2024.12.19.)

Fleitz, Fred et al. 2024. *An America First Approach to U.S. National Security*. America First Press.

Forrest, Jack. 2023. "Trump Won't Commit to Backing Ukraine in War with Russia." *CNN*, May 11. https://edition.cnn.com/2023/05/10/politics/ukraine-russia-putin-trump-town-hall/index.html. (검색일: 2024.12.19.)

Griffiths, Brent D., and John Haltiwanger. 2022. "Trump Slams Biden's 'Weak Sanctions' on Russia, Despite Previously Suggesting That Russia's Past Invasions Weren't a Big Deal." *Business Insider*, February 23. https://businessinsider.com/trump-slams-bidens-weak-sanctions-on-russia-putin-2022-2. (검색일: 2024.12.19.)

Grygiel, Jakub. 2024. "The Right Way to Quickly End the War in Ukraine." *Foreign Affairs*, July 25. https://www.foreignaffairs.com/ukraine/right-way-quickly-end-war-ukraine. (검색일: 2024.12.19.)

Harman, Jane, Eric Edelman, John M. Keane, Thomas G. Mahnken, Mara Rudman, Mariah Sixkiller, Alissa Starzak and Roger Zakheim. 2024. "Report of the Commission on the National Defense Strategy." *RAND Corporation,* July 29. https://www.rand.org/nsrd/projects/NDS-commission.html. (검색일: 2024.12.19.)

Kellogg, Keith, and Fleitz, Fred. 2024. "America First, Russia, & Ukraine". *America First Policy Institute,* April 11. https://americafirstpolicy.com/issues/america-first-russia-ukraine. (검색일: 2024.12.19.)

Knickmeyer, Ellen. 2024. "Trump Insists Russia's War Should End. But He Won't Say If He Wants Ukraine to Win." *AP News,* September 11. https://apnews.com/article/trump-harris-ukraine-russia-war-putin-98aed0b4ffd785c7865ee17f66030a1d. (검색일: 2024.12.19.)

McCreesh, Shawn. 2024. "The Trump Voters Who Don't Believe Trump." *New York Times,* October 14. https://www.nytimes.com/2024/10/14/us/elections/trump-promises-extreme-rhetoric.html. (검색일: 2024.12.19.)

Miranda, Priebe, John Schuessler, Bryan Rooney, and Jasen Castillo. 2024. "Competing Visions of Restraint." *International Security* 49, 2: 154-155.

Porter, Patrick. 2018. "Why America's Grand Strategy Has Not Changed: Power, Habit, and the U.S. Foreign Policy Establishment." *International Security* 42, 4: 9-46.

Rashid, Hafiz. 2024. "Trump Confesses He Spoke to Putin About 'Dream' to Invade Ukraine." *New Republic,* June 28. https://newrepublic.com/post/183240/trump-spoke-putin-dream-invade-ukraine. (검색일: 2024.12.19.)

Schake, Kori. 2022. "America's Russia Policy Has a Biden Problem." *New York Times*, February 11. https://www.nytimes.com/2022/02/11/opinion/russia-ukraine-biden-military-nato.html. (검색일: 2024.12.19.)

Schake, Kori. 2023. "The Case for Conservative Internationalism." *Foreign Affairs*, December 4. https://www.foreignaffairs.com/united-states/donald-trump-case-conservative-internationalism. (검색일: 2024.12.19.)

Schake, Kori, and Joe Tavares. 2023. "A Beneficial War? How Russia's Invasion of Ukraine Has Enhanced the United States' Strategic Position in the World." *American Enterprise Institute*, February 24. https://www.aei.org/articles/a-beneficial-war-how-russias-invasion-ofukraine-has-enhanced-the-united-statesstrategic-position-in-the-world/. (검색일: 2024.12.19.)

Schatz, Joseph J. 2024. "Trump Just Showed How He'd Approach the War in Ukraine." *Politico*, September 11. https://www.politico.com/news/2024/09/11/trump-ukraine-foreign-policy-approach-00178595. (검색일: 2024.12.19.)

Siders, David. 2024. "'I Think We're in Trouble': Is There a Future for MAGA After Trump?" *Politico*, November 4. https://www.politico.com/news/magazine/2024/11/04/maga-trump-2024-elections-00185283. (검색일: 2024.12.19.)

Thomas, Jake. 2022. "Donald Trump Says Ukrainians 'Use So Well' the Weapons He 'Gave' Them." *Newsweek*, March 2. https://www.newsweek.com/donald-trump-says-ukrainians-use-so-well-weapons-he-gave-them-1684356. (검색일: 2024.12.19.)

Trump, Donald. 2024a. @realDonaldTrump. *TRUTH Social*, April 18. (검색일: 2024.12.19.)

Trump, Donald. 2024b. @realDonaldTrump. *TRUTH Social,* September 15. (검색일: 2024.12.19.)

Urban, David J., and Mike Pompeo. 2024. "A Trump Peace Plan for Ukraine." *Wall Street Journal,* July 25. https://www.wsj.com/articles/a-trump-peace-plan-for-ukraine-russia-foreign-policy-926348cf. (검색일: 2024.12.19.)

Vigers, Benedict. 2024. "Half of Ukrainians Want Quick, Negotiated End to War." *Gallup,* November 19. https://news.gallup.com/poll/653495/half-ukrainians-quick-negotiated-end-war.aspx. (검색일: 2024.12.19.)

Wicker, Roger. 2024. "21st Century Peace Through Strength: A Generational Investment in the U.S. Military." *U.S. Senator Roger Wicker*, May 29. https://www.wicker.senate.gov/services/files/BC957888-0A93-432F-A49E-6202768A9CE0. (검색일: 2024.12.30.)

결론

트럼프의 미국과 한국

전재성 | 동아시아연구원(EAI)·서울대학교

I. 2024년 대통령 선거는 중대 선거(critical election)로 기록될 것인가

2024년 미국 대통령 선거는 전 세계적 관심의 대상이었다. 여전히 강력한 리더십을 행사하고 있는 미국의 대통령 선거이기 때문이기도 했지만, 도널드 트럼프Donald J. Trump 전 대통령의 선거 공약이 국제사회에 큰 반향을 불러왔기 때문이다. 정치적 양극화 현상을 보이고 있는 미국의 정치 지형에서 박빙의 승부가 예상되었지만 결과는 트럼프 대통령의 압승이었다. 그간의 여론조사와 언론보도, 전문가 예측 등이 무색해지는 순간이었다. 여론조사가 가장 발달한 미국에서 대통령 선거의 결과를 예측하는데 실패한 이번 선거는 향후 많은 반향을 가져올 것으로 보인다.

본 서는 이번 선거가 단지 카멀라 해리스Kamala Harris 부통령에 대한 트럼프 대통령의 승리, 더 나아가 민주당에 대한 공화당의 승리라고 하기에는 보다 심층적이고 장기적인 구조적 변화가 수반되었다는 점을 강조하고 있다. 트럼프 대통령은 7개 경합주에서 모두 승리했을 뿐 아니라 총 득표수에서도 민주당에 승리했다. 2001년 9.11 테러 이후 처음으로 치러진 대통령 선거에서 당시 부시George W. Bush 대통령이 민주당 후보 케리John Kerry 상원 의원에게 선거인단과 총 득표수 모두에서 이긴 이후 처음의 상황이다. 전체 90%이상의 카운티county에서 트럼프 대통령에 대한 지지가 증가했고, 백인 유권자가 절반 미만인 290개 카운티에서는 절대다수의 표가 트럼프 대통령을 향했다. 트럼프 대통령에 대한 지지는 도농 구분, 교육, 인종, 연령 등 모든 차원에서 고르게 상승했다. 특히 흑인 비율이 높거나 히스패닉 지도가가 1/4 이상인 지역에서 트럼프 대통령 지지가 증가했다. 이는 2008년과 2012년 흑인과 소수인종의 지지에 기반했던 소위 오바마 연합Obama Coalition이 형성되었을 때와 비교된다. 더불어 2020년과 달리 2024년 생애 최초 투표자들의 트럼프 대통령 지지도 두드러졌다. 일반적으로 젊은 세대는 유색인종 비중이 높고, 교육 수준이 높고, 다양성 수용도가 높아 민주당을 지지하는 경향이 강한 것으로 알려져 있다. 이스라엘-팔레스타인 전쟁에서 젊은 세대의 팔레스타인 지지도 큰 관심을 모았다. 그러나 대선에서는 트럼프 대통령 지지가 높아 관심의 대상이 된다.

이번 선거가 공화당을 지지하는 소위 트럼프 연합을 형성했다는 평가도 일각에서 나오고 있다. 소수인종 유권자, 특히 흑인과 히스패닉 남성의 공화당 지지가 두드러졌기 때문에 정치적 재정렬realignment에 대한 논의가 발생한 것이다. 그러나 대졸 백인 여성 유권자들은 민주당 지지 비율이 높아지는 변화도 발생했다. 해리스 후보가 흑인 여성 후보였기 때문에 발생한 새로운 현상도 있기 때문에 이번 선거결과만을 기반으로 공화당이 다인종 연합을 이루었다고 볼 수 있을지는 시기상조이다. 만약 공화당이 새로운 연합을 구축하고 지속적으로 인종, 성별, 연령 전반에서 지지층을 확대할 수 있다면 이번 대선은 향후 중대 선거로 구분될 수도 있을 것이다. 특히 평균 약 40년을 주기로 중대 선거가 이루어진다고 볼 때, 1980년 선거 이래 이번에 중대 선거가 출현하고 향후 미국 정치지형을 결정할 수도 있을 것이다.

II. 거시경제 변수의 중요성

이번 대선의 향방을 가른 가장 중요한 변수가 미국 국내경제였다는 점에서 본서의 저자들은 일치된 견해를 보인다. 특히 인플레이션과 이민 문제는 큰 주목을 받았다. 2022년 6월 미국의 물가승률은 9.1%를 기록했는데 이는 카터 행정부 이후 최고치였다. 이후 2023년 물가상승률은 4% 미만으로 하락했고 경제성장률 역시 3%에 육박했지만 이러한 상향 변화는 대선에 정치적으로 반영되지 못했다. 트럼프 1기 정부는 관세 인상 정책을 취했는데 과연 이러한 정책이 바이든Joe Biden 정부 기간 인플레이션을 가져왔는지, 그리고 코로나 사태가 초래한 공급망 교란이 어느 정도 미국 경제에 영향을 미쳤는지 등이 중요한 변수이다. 트럼프 정부의 정책이 바이든 정부의 경제상황에 영향을 미치고 이것이 다시 대선 과정에서 트럼프 대통령에게 유리하게 작용하기 때문이다. 경제 정책의 효과가 나타나는 시점과 이러한 변화가 정치적으로 해석되는 과정이 중요한 변수가 되는 것이다.

미국 경제가 거시적으로 양호한 구조적 지표를 보였지만 국민들의 실생활 체감 경기는 여전히 악화되어 있었다. 카터정부에서 레이건 정부로 이행하는 과정 이래 인플레이션이 대선에서 중요한 이슈로 등장한 적도 없었고, 인플레이션은 자유무역의 확산 과정에서 주로 미국 외부에서 발생하는 요인 때문인 것으로 여겨졌기 때문에 이에 대한 분석과 대응책 역시 바이든 정부에게는 결여되어 있었다고 본다. 그러나 좀 더 거시적 관점에서 보면 1990년대 이래 미국이 추구한 신자유주의 세계화의 여파로 미국 내 경제적 양극화는 심화되어 있었고 민주당은 이에 대해 적극적인 대처를 해오지 못한 것으로 평가된다. 오바마 Barack Obama 대통령 역시 2008년 경제위기 극복을 내세워 당선되었지만 월가의 이익을 대변하는 신자유주의 정책으로 일관했고 파산 기업을 구제하기 위해 막대한 세금을 동원하여 국민들의 불만을 초래했다. 감세와 정부 개입 최소화 등 자유주의 조치를 통해 경제활성화를 꾀했지만 결국 경제불평등은 심화되었다. 일자리의 해외 유출, 제조업 약화, 중산층 몰락 등의 긴 추세 속에서 민주당은 이를 심각하게 여기고 효과적으로 대처하지 못한 것이다.

트럼프 대통령은 바이든 정부의 경제실정과 함께 이민 문제를 부각했고 이에 대해 민주당은 임신중절 문제, 정체성의 정치, 민주주의 위기 담론 등을 부각했다. 그러나 임신중절 문제는 오랜 시간을 거치면서 현안의 파괴력이 약화되고 피로감이 증가했다. 정세성의 정치는 민주당에게 중요한 사안이었지만 해리스 후보 스스로가 정체성 이슈를 크게 부각하지는 않았다. 민주당은 2021년 1월 6일 트럼프 지지자들의 의사당 침입 사건 등, 트럼프 측의 문제를 강조하고자 했다. 트럼프 대통령이 민주주의를 저해한다는 메시지를 폈지만 문제는 심각하게 양극화된 유권자의 정치지형이었다. 민주주의 위협의 담론은 정파적 논리의 연장선상에서 이해되었고 민주주의 수호라는 메시지는 현상유지나 기득권 유지로 오해될 여지가 컸던 것이다.

결국 2024년 미국 대선은 거시경제 요인의 함수로 결정되었다. 흥미로운 점은 공화당과 트럼프 대통령이 본질적으로 노동자 친화적인 정책을 추진하지는 않는다는 점이다. 본 서는 공화당의 정치철학을 금권주의 포퓰리즘으로 간주한다. 공화당은 부유층을 위한 정책을 유지하면서도 노동자 계층의 지지를 얻기 위해 대중적 담론을 활용하였다. 1기 정부를 보더라도 트럼프 대통령은 고졸 백인 노동자들을 위한 구체적인 정책을 펴지 않았다. 그럼에도 이들 계층이 트럼프 대통령은 지지한 것은 금권주의 포퓰리즘의 흐름이며, 부유층의 이익에 봉사하면서 노동자 계층을 위한 정책은 펴지 않는 정책적 불일치를 보이는 것이다. 반면 고졸 노동자를 위한 구체적인 정책을 편 것은 바이든 정부라 할 수 있다. 여전히 저소득 노동자를 위한 정책을 추구하지만 신자유주의 경제정책을 받아들인 이후로 대졸자, 고소득자의 정당이라는 구도를 민주당이 극복하지 못하고 있는 것이다.

III. 공화당과 민주당의 미래

이번 대선은 공화당과 민주당의 근본적 정체성에 대한 많은 질문을 야기했다. 공화당의 경우 트럼프 대통령을 중심으로 전통적인 공화당 우파와 탈자유주의적 신우파의 구도가 복잡하게 전개되고 있다. 특히 JD 밴스James David Vance 부통령을 핵심으로 하는 탈자유주의 신우파의 부상이 두드러지고 있다. 기존 공화당 내 신자유주의를 기반으로 하는 기득권층이 중심축이었다면 밴스 부통령의 부상은 탈자유주의, 보수적 사회주의, 신가부장주의, 사회적 보수주의 등을 핵심 요소로 하고 미국 사회의 근본적인 변화를 추구하는 소위 체제 전환regime change을 추구하고 있다는 분석이다.

트럼프 대통령의 정책이 보호무역주의 등 탈자유주의적 성격을 일부 가지지만 여전히 국내적으로는 신자유주의 기조를 유지하고, 친대기업 입장을 고수하며, 금권주의 포퓰리즘을 추구한다면 밴스로 대표되는 신우파는 보수적 사회민주주의를 지향한다. 신우파는 반자유방임주의를 추구하고 반독점, 친노조 입장을 고수하며 공화당 주류의 친기업, 반노조 정책을 반대하는 것이다. 이를 위해서는 엘리자베스 워런Elizabeth Warren과 같은 민주당 좌파의원들과의 협력도 개의치 않는 모습을 보이고 있다.

문화 영역과 정체성의 정치에서 신우파는 전통적 가족과 성역할을 수호하고, 국가의 도덕적 가치를 강조하는 급진적이고 권위주의적 모습을 보이고 있다. 이들은 미국사회의 도덕적 재건이라는 명분 하에 미국사회의 장기적 변화를 추구하고 트럼프 대통령의 가치를 더욱 급진화하고자 한다.

트럼프 대통령과 공화당 신우파가 신자유주의 컨센서스consensus가 가져온 문제를 새로운 방식으로 해결하고 있다면, 민주당은 여전히 변화의 실마리를 발견하지 못하고 있다. 역사적으로 민주당의 지지 계층은 다양한 이해관계를 가진 집단들로 구성되어 왔다. 뉴딜 연합 시기에는 중공업 노동자, 이민자, 소수민족, 그리고 인종차별주의자인 남부 백인 등을 포괄하는 폭넓은 지지 기반을 형성했다. 오바마 연합은 저학력 백인 노동자, 소수민족, 대졸자, 엘리트들이 결합된 형태로 구성되었으며, 이는 민주당이 정체성을 더욱 다층적으로 만들었다. 이러한 특징으로 인해 민주당은 변화의 폭이 크고, 때로는 상충되는 정책을 채택하며 정체성 혼란을 경험해 왔다.

앞으로 민주당이 클린턴 대통령과 오바마 대통령 시기에 채택했던 신자유주의적 경제정책을 유지하기는 어려울 것으로 보인다. 그렇다고 민주당이 친노동·친소수자 정당으로 고착되기도 쉽지 않다. 상부 엘리트 계층의 영향력을 여전히 인정해야 하는 현실은 민주당의 내부 갈등과 정책 조정의 어려움을 배가시키고 있다.

유권자들의 요구가 변화하고 경제적 불평등 문제가 점점 더 부각되면서, 민주당은 정체성을 재구성하고 정책 방향을 설정하는 데 있어 지속적인 고민에 직면할 것으로 보인다. 이는 민주당이 다양한 이해관계를 조율하며 새로운 시대에 적합한 정체성을 만들어가야 하는 중요한 과제를 의미한다.

IV. 향후 트럼프 정부의 정책 추진 양상

트럼프 2기 행정부는 4년 단임의 정부로, 수정헌법 제22조에 따라 트럼프 대통령은 추가 재선을 추구할 수 없다. 통상적으로 재선된 대통령은 2번째 임기 초반, 특히 중간선거 이전까지 권력을 집중적으로 행사하며, 중간선거 이후에는 차기 대선 주자를 중심으로 정당의 내부 동력이 변화하는 것이 일반적이다. 이러한 변화로 인해 대통령의 권력은 임기 후반으로 갈수록 약화되는 레임덕lame-duck 현상이 나타난다. 그러나 이러한 레임덕 현상은 주로 국내 정치에 국한되며, 외교정책은 재선 임기 4년 동안 비교적 일관되고 지속적으로 추진된다는 점이 중요하다.

예를 들어, 클린턴Bill Clinton 대통령의 대북 유화정책이나 대중국 자유무역정책은 모두 재선 임기 후반부, 심지어 마지막 해에 이루어졌다. 이는 대통령이 임기 내내 외교정책을 통해 자신의 치적을 쌓으려는 경향을 보여준다. 트럼프 대통령 역시 이민 문제, 세금 정책, 정부 개혁 등 주요 국내 이슈는 중간선거 이전에 주로 다룰 가능성이 크지만, 안보와 통상에 관한 대외정책은 임기 4년 내내 중요한 이슈로 지속될 것으로 보인다.

트럼프 행정부의 외교정책은 재선 임기 동안 일관성을 유지하며, 특히 국제 안보와 무역 분야에서 적극적인 행보를 보일 것으로 예상된다. 이러한 특징은 재선 임기 후반부에도 외교정책의 중요성이 계속 유지된다는 점에서 다른 정책 영역과 차별화된다.

중요한 점은 트럼프 대통령의 정책이 행정명령으로 실행 가능한지, 아니면 의회의 승인이나 폐기가 필요한지에 따라 정책 추진의 실효성이 달라질 수 있다는 것이다. 예를 들어, 중국에 대한 관세 부과는 행정명령으로 가능하지만, 10%의 보편 관세는 연방판사가 집행 정지 명령을 내릴 가능성도 상정해 볼 수 있다. 불법 이민자 추방 정책 역시 행정명령으로 실행할 수 있지만, 사법부의 제동이 작동할 가능성을 배제할 수 없다. 난민 지위 신청에 관한 법안은 상원의 필리버스터filibuster 적용 대상이기 때문에 입법 과정에서 상당한 어려움이 예상된다.

또한, 반도체 과학법은 상원이 필리버스터에 막혀 폐기가 어려운 반면, 인플레이션 감축법은 단순 과반으로 폐기할 수 있다. 그러나 이 경우에도 공화당 지역구의 다양한 이해관계가 복잡하게 얽혀 있어 정책적 논란이 뒤따를 가능성이 높다.

따라서 트럼프 대통령이 4년 동안 재선 대통령으로서 외교 및 통상 정책을 어떻게 추진할 수 있을지에 대한 면밀한 분석이 필요하다. 정책의 실행 가능성과 잠재적 장애물을 종합적으로 검토하는 작업은 향후 정책 방향성과 실효성을 결정하는 데 중요한 요소로 작용할 것이다.

V. 트럼프 2기 정부의 대외경제정책

미국은 탈냉전기 단극 패권 체제를 유지하며 안보와 경제, 이념 분야에서 국제적 공공재를 단독으로 생산하는 체제를 구축해 왔다. 그러나 이러한 패권 유지 과정에서 막대한 국력 소모가 발생했고, 국민들은 패권의 이점을 누리기보다는 패권 유지로 인한 부담을 더욱 강하게 체감했다. 미국은 신자유주의적 지구화를 패권의 경제적 기초로 삼았으나, 이는 결국 미국 경제에 커다란 위기를 초래했다. 또한, 미국이 지구적 안보 체제를 유지하려는 시도는 일부 세력의 반발을 불러일으켜 테러와 같은 급진적 대응이나 강대국 경쟁의 형태로 나타났다.

미국의 이념적 기반이었던 자유민주주의의 확산 역시 정책적으로 실패를 겪으며 미국의 소프트파워를 약화시키는 결과를 초래했다. 이러한 배경 속에서 미국은 단독 패권의 부담을 덜고 국력을 회복하기 위해 경제적 민족주의를 표방하고 있다. 물론 패권 회복을 위한 일방주의적 대외 경제정책은 역사적으로 종종 나타난 일이지만, 트럼프 행정부는 경제와 안보 분야에서 경쟁국뿐만 아니라 동맹국들에도 전방위적 압박을 가하며 강압적 태도를 보였다. 특히, 양자적 거래를 통해 강압적 패권으로의 변화를 보여주는 모습을 보였다.

트럼프 1기 행정부는 관세 정책을 중심으로 한 강력한 대외 경제정책을 추진했으며, 2기 행정부에서도 이러한 경제정책이 지속될 전망이다. 트럼프 정부의 통상 및 산업 정책은 경쟁국과 동맹국 모두에 커다란 영향을 미칠 가능성이 높으며, 이러한 정책 변화는 국제사회에 큰 반향을 일으킬 것으로 예상된다.

미국은 건국 이래 경제 전략의 핵심으로 통상 정책을 유지해 왔다. 세계 최대의 경제 대국인 만큼, 미국의 무역 정책은 전 세계에 광범위한 파급 효과를 미친다. 트럼프 대통령은 1기 정부를 시작하며 강력한 보호주의 통상 정책을 추진했다. 이 과정에서 관세 인상을 주된 수단으로 활용하여, 철강에 25%, 알루미늄에 10%의 관세를 부과했다. 중국에 대해서는 단계적으로 관세를 인상해 2,500억 달러 규모의 수입품에 25%의 관세를 부과한 바 있다. 이러한 관세 정책은 미중 간 무역전쟁으로 확장되었고, 화웨이 제재나 지적재산권 도용 문제 등으로 확대되었다.

바이든 행정부는 트럼프 행정부의 많은 정책을 비판했지만, 대외 경제 정책에서는 상당 부분을 유지했다. 바이든 대통령은 보호주의 통상정책을 지속하면서 중국에 대한 관세를 유지했고, 특히 첨단 기술 분야에서 중국과의 디커플링을 추구하는 정책을 추진했다. 동시에 다자주의 경제 체제를 강조하며 동맹국과의 협력을 중시했다. 2022년에는 인도태평양경제프레임워크Indo-Pacific Economic Framework for Prosperity: IPEF를 설립하여 동아시아 국가들과의 경제 협력을 강화하며 중국을 견제했다.

미국이 보호주의 통상정책을 추구하는 배경으로는 두 가지 요인이 지적된다. 첫째, 미국 국민들이 자유무역과 경제적 세계화가 국내 일자리와 경제 안정성을 위협한다는 인식에서 비롯된 경제적 불안이다. 특히 코로나19 사태 중 공급망 문제와 중국 의존도가 부각되면서 보호주의 무역정책을 강화하는 계기가 되었다. 둘째, 미중 패권 경쟁으로 인해 경제·기술 분야에서 광범위한 갈등이 발생하면서 보호주의 통상정책을 지속하는 배경이 되었다. 이러한 상황에서 중국의 불공정 무역 관행에 대한 우려가 초당적 합의를 이루었으며, 보호주의 무역정책은 트럼프 행정부의 핵심 기조로 자리 잡았다.

트럼프 2기 행정부의 통상정책도 강력한 보호주의 기조를 유지할 전망이다. 트럼프 대통령은 모든 수입품에 10-20%의 일괄 관세를 부과하고, 중국 제품에는 최대 60%의 고율 관세를 적용하겠다는 의사를 밝힌 바 있다. 또한 멕시코와 캐나다에 25%의 관세를, 중국에는 추가로 10%의 관세를 부과할 수 있다고 선언했다. 이러한 관세 정책은 미국 헌법과 기존 법률에 근거하고 있어 전반적으로 법적 지지를 받을 가능성이 크다. 특히 트럼프 행정부가 추진하는 상호무역법이 통과되면 관세 부과 권한이 더욱 강화될 것으로 보인다.

그러나 이러한 관세 정책이 언제까지 지속될지는 중요한 논점이다. 보호주의 통상 정책은 단기적으로 유지되겠지만, 중간선거를 거치면서 점진적으로 완화될 가능성도 크다. 관세 인상이 경제적으로 부정적인 영향을 미칠 가능성도 있는데, 수입품 가격 상승과 물가 인상을 초래할 수 있으며, 주요 무역국들이 보복 조치를 취할 경우 공화당 후보들에게 정치적으로 불리한 상황이 발생할 수 있다. 이러한 정치적 반작용은 보호주의 정책의 지속 가능성을 제한할 가능성이 있다.

결국 보호주의 통상정책은 미국 유권자들의 경제적 불안과 미중 경쟁 구도가 지속되는 한 주요 기조로 남겠지만, 경제적 손실과 정치적 반발을 고려할 때 장기적으로 조정될 여지도 있다. 그럼에도 불구하고, 유권자들의 인식 변화가 쉽지 않기 때문에 보호주의 통상정책은 미국 대외경제 정책의 장기적 기조로 자리 잡을 가능성도 크다.

통상정책과 더불어 산업정책은 바이든 정부에 이어 트럼프 2기 정부에서도 미국의 경제정책의 주축으로 작동할 것으로 볼 수 있다. 바이든 정부는 보호주의 무역 정책을 시행하는 데 그치지 않고, 산업 정책을 법제화하여 연방 정부가 시장에 개입할 근거를 마련해 왔다. 2022년 여름에는 반도체와 과학법 및 인플레이션 감축법을 통과시켜 산업 정책을 구체화했다. 이 법안들은 친환경 에너지로의 전환과 첨단 산업에서 안정적인 공급망 확보를 목표로 입안되었으며, 이를 통해 바이든 정부는 반도체, 배터리, 전기차, 그리고 첨단 제조업 분야에 공적 자금을 투입할 수 있게 되었다.

이 법안들은 외국 기업들이 미국 시장에 진출할 때 미국 내 생산 설비를 구축하고, 고용을 창출하며, 특정 민간 원료의 사용 비율을 제한하는 가이드라인을 따르도록 요구하고 있다. 이는 연방 정부의 세액 공제 등 인센티브와 직접 연결되기 때문에, 기업들은 가격 경쟁력을 유지하기 위해 이러한 가이드라인을 준수할 필요가 있다. 바이든 정부는 특히 친환경적 방향을 추구하며, 연방 정부가 산업 정책을 통해 경제적 유인을 제공하는 구조를 만드는 데 초점을 두었다.

그러나 트럼프 2기 행정부가 출범할 경우, 이러한 법안들의 본래 역할이 약화될 가능성도 있다. 예산 배분 과정에서 파행과 지연이 발생할 수 있으며, 공화당 강세 지역 역시 이 법안의 혜택을 받을 가능성이 있어 정치적 양상은 복잡하게 전개될 것이다. 트럼프 행정부는 무역정책과 산업 정책을 연계하여 추진할 가능성이 있으며, 특히 마르코 루비오Marco Rubio 국무장관 지명자는 대담한 산업 정책을 통해 기업의 투자와 혁신을 유도하는 탈규제 정책의 필요성을 강조한 바 있다.

미국 경제정책의 초점은 단순한 보호주의를 넘어, 산업구조 전환과 첨단 산업에서의 경쟁력 확보라는 방향으로 이동하고 있다. 이를 위해 새로운 산업 전략이 모색되고 있으며, 이는 향후 미국의 경제와 국제 경쟁력을 형성하는 중요한 정책기조가 될 것으로 보인다.

VI. 트럼프 2기의 외교안보정책

트럼프 2기 정부의 외교·안보 정책은 "힘을 통한 평화"라는 슬로건으로 요약될 수 있다. 트럼프 대통령은 강력한 군사력을 기반으로 하지만, 포괄적인 지구적 개입 전략을 추구하지는 않는다. 트럼프 대통령은 미국의 사활적 이익이 걸린 분야에서 신중한 개입을 선호하며, 다른 분야에서는 미국의 군사력을 바탕으로 양자적 협상을 통해 안정과 현상을 유지하려는 입장을 보이고 있다.

트럼프 대통령은 취임 직후 우크라이나 전쟁의 종전을 장담했으며, 중동 사태의 안정 또한 중요한 정책 과제로 제시할 가능성이 크다. 이러한 발언은 이미 우크라이나와 러시아 간 협상 의지를 어느 정도 강화하는 결과를 낳고 있으며, 중동 지역에도 여러 변화를 예고하고 있다. 트럼프 대통령은 유럽의 안정을 위해 유럽 국가들에게 방위비 증가와 군사적 공헌을 요구할 것으로 보이며, 중동과의 협상에서도 미국의 국익을 우선시하는 태도를 유지할 것으로 예상된다.

북한 문제 역시 트럼프 대통령의 주요 정책 분야로 떠오를 수 있다. 그러나 이는 미국 국내 정치와의 연결성Americanization을 필요로 하며, 향후 이러한 이슈가 얼마나 효과적으로 이슈화될 수 있는지가 중요한 변수가 될 것이다.

트럼프 2기 정부는 전반적으로 국익을 우선시하며 동맹보다 독립적 행동과 이익 기반 접근을 선호할 것으로 보인다. 이러한 기조 속에서 중국 견제를 제외한 다른 분야의 정책은 상대적으로 자제 전략의 범위 안에 포함될 가능성이 크다. 대외 정책은 개인적, 국가적, 조직적 차원의 종합적 결과로 나타날 것이다.

개인 차원에서 트럼프 대통령은 대외 개입 자제를 일관되게 주장하고 있다. 반면, 국가 차원에서는 미국의 전략이 대중국 견제로 집중되고 있으며, 2기 정부에서도 중국을 최우선 위협으로 간주할 것이 분명하다. 이와 함께 미국은 인도·태평양 지역에서 동맹 네트워크를 강화하고, 경제적 민족주의를 넘어 대중 군사 견제를 강화하는 전략적 기반을 마련할 가능성이 크다.

군사 현대화와 핵전력 증강 역시 중요한 과제로 떠오를 것이며, 동맹국들에게 재래식 방어 기여를 요구하는 목소리가 높아질 수 있다. 공화당 내 다양한 세력들이 보수적 개입주의와 비개입주의 사이에서 각축을 벌이고 있지만, 전반적인 외교·안보 정책은 보수적 강경주의 성향으로 수렴될 가능성이 높다. 이는 미국 본토의 안보와 국내 문제 우선주의와 결합하여, 트럼프 2기 정부의 외교·안보 정책을 형성할 중요한 요인으로 작용할 것이다.

VII. 트럼프 2기 정부와 한국

1. 트럼프 정부의 대중 전략과 한미동맹

미국은 중국과 치열한 전략 경쟁을 벌일 것으로 예상되며, 이 과정은 매우 복잡할 것이다. 바이든 행정부는 4년의 임기를 마치면서 미중 관계를 정리했는데, 대표적으로 2024년 11월 16일 페루 리마에서 열린 아시아태평양경제협력체Asia-Pacific Economic Cooperation: APEC 정상회의에서 조 바이든 대통령과 시진핑 중국 국가주석이 세 번째 대면 정상회담을 가졌다. 미국은 중국과 전략 경쟁을 벌이면서도 중요한 분야, 예를 들어 펜타닐 마약 문제, 군사대화, 인공지능 규제, 기후 변화, 인적교류 등에서는 지속적인 협력을 해왔음을 강조하고 있다(The White House 2024). 그러면서도 중국의 불공정 무역 관행이나 남중국해, 대만에서의 현상 변경 노력 등을 비판하고 있다. 이러한 점들을 고려할 때, 미국은 중국과 경쟁하면서도 경제적, 군사적 대결이나 파국으로 진행되는 것을 막기 위해 위기를 관리하며 경쟁과 협력을 동시에 추구하고 있음을 강조하고 있다.

트럼프 대통령과 공화당은 선거 기간 중 바이든 행정부의 대중 정책이 지나치게 유화적이라는 점을 지속적으로 공격했지만, 막상 트럼프 행정부가 시작되었을 때 대중 전략이 경제적 대결 일변도로 갈 것으로 보기는 어렵다. 트럼프 대통령은 당선 직후 열린 첫 기자회견에서 시진핑 주석과의 개인적 친분 관계를 언급하며 미중 관계를 관리해 나갈 것이라고 밝혔다. 미중 관계는 트럼프 대통령 개인의 대중 전략과 공화당 주류 및 트럼프 대통령이 임명한 외교 고위 인사들의 대중 전략 간에 차이가 있을 수 있다.

트럼프 대통령은 무엇보다 국내 경제 활성화와 국내 정치에서의 지지 획득을 중시하고 있으며, 이를 위해 미국 국민들에게 유리한 대중 전략, 특히 경제적으로 손에 잡히는 효과를 추구하는 대중 전략을 우선적으로 추진할 것이다. 그가 공언했던 중국에 대한 60% 관세 부과 등이 그러한 정책에 속할 것이다. 그러나 트럼프 대통령이 이를 어떤 국내법으로 정당화할 수 있을지, 또 어떤 부문에서 어떤 방식으로 평균 60%의 관세를 부과할 것인지에 대한 구체적인 계획은 아직 명확하시 않다. 이러한 과정을 통해 소위 중국의 불공정 무역 관행을 구조적으로 얼마나 해결할 수 있을지도 불확실하다. 앞에서 지적한 바와 같이 관세 인상이 어느 정도는 미국 소비자에게 경제적 부담으로 전가되어 물가 상승을 초래할 것이라는 전망도 제기되고 있다. 만약 트럼프 대통령의 대중 관세 정책이 장기적으로 계획한 성과를 거두지 못하거나 미국 국민들에게 경제적 부담을 가중하는 것으로 판명될 경우, 이러한 정책은 지속 가능한 대중 전략이 되기 어려울 것이다.

더 중요한 점은 중국에 대한 전략이 경제적 수단만으로는 충분하지 않다는 것이다. 미국은 중국이 미국의 리더십에 도전할 수 있는 능력과 의지를 갖춘 유일한 경쟁국이라고 천명한 바 있으며, 이러한 견해는 트럼프 행정부에서 시작되어 현재까지 유지되고 있다. 특히 공화당 주류 인사들은 중국에 대한 경제적 제재뿐만 아니라 군사적·안보적 견제가 매우 중요한 대중 전략의 핵심임을 강조하고 있다.

이러한 복잡한 상황에서, 미국의 대중 전략은 경제적 압박과 군사적 견제를 병행하며, 협력과 경쟁을 동시에 추구하는 방향으로 전개될 것으로 보인다. 미국과 중국의 전략 경쟁은 단순히 경제적 압박에 그치지 않고 군사적·안보적 대응까지 포함하는 복잡한 양상을 띠고 있다. 트럼프 대통령 개인은 중국에 대한 경제적 견제 이유 외에 군사·안보 종합 전략에 대해서는 장기적이고 포괄적인 청사진을 제공하고 있다고 보기는 어렵다. 예컨대, 트럼프 대통령은 대만에 대해 방위비 추가 지출을 압박하거나 반도체 산업에서 미국과의 협력을 강조하기도 했으며, 동시에 대만 안보에 대한 공약에서는 유보적인 태도를 보였다. 반면, 공화당 주류에서는 대만의 방위와 중국의 수정주의적 영토 전략, 회색지대 전략을 비판하며 일관되고 강경한 국방 정책을 수립해왔다. 특히, 1기 행정부 시절부터 다영역 작전과 첨단 기술을 활용한 군사적 견제 수단을 마련해 온 바 있다.

트럼프 2기 행정부 초기에는 경제적 압박이 두드러질 가능성이 크지만, 시간이 지나면서 군사·안보적 대응책도 강조될 전망이다. 이 과정에서 트럼프 대통령 개인의 포괄적인 계획이 부재할 경우, 국방부와 국무부, 군의 입장이 중요해질 것이며, 트럼프 대통령과 이들 간의 의견 차이가 표면화될 가능성도 배제할 수 없다. 특히, 동맹의 가치는 이

중적 양상을 띨 수밖에 없다. 트럼프 대통령은 나토North Atlantic Treaty Organization: NATO와 동아시아 동맹국에 대해 경제적 관점에서 압박을 가하고 있으며, 보편 관세 10% 부과와 같은 정책뿐 아니라, 이른바 '부자 동맹'이 충분한 방위 분담금을 부담하지 않는다고 여러 차례 주장한 바 있다. 한미 동맹의 경우, 한국은 미국으로부터 상당한 무역 흑자를 기록하고 환율 감시 대상국으로 지정되었으며, 트럼프 대통령은 한국이 충분한 방위비를 분담하지 않고 있다고 판단하고 있다.

이와 같은 상황에서 한미 경제 관계는 트럼프 행정부의 경제적 압박 하에 놓일 가능성이 크다. 한국은 작년에 미국에 대한 직접투자 약정 금액에서 최대 국가의 지위를 차지했음에도 불구하고, 트럼프 대통령은 한국의 경제적 기여가 충분하지 않다고 평가할 수 있다. 트럼프 대통령이 제시할 압박 수단은 한미 양자 관계에서 사전적 조치로 나타날 가능성이 있으며, 이는 한국이 철저한 내비와 협상 준비를 통해 대응해야 할 사안이다. 반면, 한국은 미국의 대중 경제전략에서 이익을 취할 수도 있다. 예를 들어, 반도체, 철강, 조선 등 첨단 기술 산업에서 중국과의 경쟁에서 미국의 대중 경제 견제가 한국에 유리한 환경을 조성할 수 있다. 미국의 견제는 중국의 반도체와 배터리 등 첨단기술 발전에 타격을 가하며, 이는 한국이 경쟁에서 시간을 벌고 생산망을 재편할 기회를 제공할 가능성이 크다.

장기적으로 트럼프 대통령의 경제적 견제 전략을 넘어 공화당 전체의 대중 군사 압박 정책이 중요해질 것이며, 이 과정에서 한미동맹의 가치는 더욱 부각될 것이다. 한미 동맹은 이미 북한의 핵 공격을 억제하는 효과를 가지고 있으며, 동시에 대만 문제를 포함한 중국의 수정주의 전략을 견제하는 데 핵심적인 역할을 하고 있다. 미국은 주한미군과 한국의 군수 자산이 대만 사태와 같은 급변 사태에서 중요한 역할을 할 수 있다고 보고 있으며, 이는 한국의 신중한 대처와 한미동맹의 전략적 활용 가능성을 요구한다.

따라서 한국은 트럼프 행정부의 경제적 압박을 최소화하고, 첨단기술 협력을 통해 한미 간 보완적 관계를 강화해야 한다. 미중 첨단기술 디커플링 속에서 한미 간 기술 협력의 지속 가능성을 높이는 동시에, 미국과 동아시아 국가 간 다자 협력 기구를 통한 협력 가능성을 모색할 필요가 있다. 북한의 공세적 전략과 중국의 현상 변경 시도를 억제하기 위한 다양한 형태의 전략적 대응도 강구해야 하며, 군사적 대결 이전에 외교적, 경제적 방법을 활용한 협력 노력을 지속해야 할 것이다.

2. 트럼프 정부의 대북 정책과 한국

트럼프 대통령의 대북 정책은 주의 깊게 살펴봐야 할 중요한 정책 부문이다. 트럼프 대통령은 1기 행정부 시절 북한 정책을 다룬 경험이 있는 알렉스 웡Alex Wong을 주요 국가안보 부보좌관에 기용하고, 북한 담당 특별 임무 특사로 리처드 그레넬Richard Grenell 전 주독 미국 대사를 임명한 바 있다. 이러한 인사는 트럼프 대통령의 정책 구상 속에 북한 문제가 중요한 위치를 차지하고 있음을 보여준다. 트럼프 대통령의 포괄적 군사·안보 전략은 "힘을 통한 평화"라는 개념에 잘 드러나 있다.

그는 자신이 재임 중 새로운 전쟁을 시작하지 않은 미국 대통령이라는 점을 강조하며, 강력한 군사력을 바탕으로 기존의 갈등을 종료하고 협상과 타협을 통해 평화를 달성한다는 접근 방식을 내세우고 있다.

트럼프 대통령은 취임 후 우크라이나 전쟁의 해결과 중동 사태의 안정화를 주요 목표로 삼았다. 구체적으로 이러한 노력이 어떤 방식으로 전개될지는 알 수 없으나, 트럼프 대통령 특유의 양자 협상 방식을 통해 추진될 가능성이 크다. 안보 부문에서 트럼프 대통령이 주목받는 성과는 북핵 문제를 포함하여 미국의 안보를 위협할 수 있는 주요 군사 문제를 해결하는 것이다. 북핵 문제는 1기 행정부 시절 오바마 행정부로부터 중요한 과제로 인식되었으며, 트럼프 대통령은 이를 해결하여 미국에 대한 북한의 핵미사일 위협을 제거했다고 주장할 가능성이 있다.

트럼프 대통령이 북핵 문제를 어떤 방식으로 해결할지는 불확실하지만, 그는 1기 행정부 시절 김정은 위원장과 세 차례 정상회담을 가진 경험을 토대로 문제를 해결하려 할 가능성이 크다. 그러나 이 과정에서 미국과 북한 간의 안보 문제는 충분히 논의될 수 있으나, 한국의 안보가 동일한 수준으로 다루어질지는 여전히 미지수다. 예컨대, 미국에 대한 전략 핵미사일 위협이 제거되더라도 한국을 겨냥한 전술핵무기가 잔존한다면 북핵 문제가 완전히 해결되었다고 보기 어렵다.

또한, 북핵 문제는 단순히 핵무기의 문제가 아니라, 북한의 향후 정치적 지위, 국제적 입지, 정권 생존 보장, 그리고 정상적인 국가 발전이라는 광범위한 과제를 포함하고 있다. 이 과정에서 중국과 러시아의 협력이 필요하며, 일본의 안보적 고려도 중요한 논의 대상이 될 것이다. 트럼프 대통령이 이러한 요소들을 복합적으로 고려하면서 북핵 문제를 동북아 안보 문제로 확장하여 다룰 수 있을지는 계속 주시해야 할 과제다.

결국, 트럼프 대통령이 북핵 문제를 해결하는 과정에서 한국의 안보적 고려가 충분히 반영되도록 트럼프 2기 행정부 초기부터 한국 정부가 적극적으로 노력해야 한다. 이는 단순히 미국과 북한 간의 문제 해결을 넘어, 동북아의 안정을 위한 포괄적 접근을 요구하는 중요한 과제가 될 것이다.

참고문헌

The White House. 2024. "Readout of President Joe Biden's Meeting with President Xi Jinping of the People's Republic of China." November 16. https://www.whitehouse.gov/briefing-room/statements-releases/2024/11/16/readout-of-president-joe-bidens-meeting-with-president-xi-jinping-of-the-peoples-republic-of-china-3/. (검색일: 2024.12.30.)

집필진 약력

권보람

현 한국국방연구원KIDA 연구위원. 이화여자대학교 정치외교학 학사, 고려대학교 정치외교학 석사, 미국 노스캐롤라이나 주립대학교(채플힐)The University of North Carolina at Chapel Hill 정치학 박사이다. 2000-2003 선경재단 대학 특별장학생이었고 2006-2008 미 풀브라이트US Fulbright 대학원 장학생이었다. 미국의 안보국방전략과 한미동맹, 미국 외교정책과 국내정치의 연계성을 연구하고 있다. 한미동맹 세부의제로 한미간 방위산업협력과 인도-태평양 지역 내 안보체계 구축 등의 프로젝트를 수행 중이다. 한미관계 외 인태지역과 유럽간 연계성 강화 관련 정책공공외교에 참여하고 있다. 최근 저서로는 "US-South Korea Defense Industrial Cooperation: Drivers, Developments, and Tasks Ahead (*Korea Policy, Korea Economic Institute of America*, Dec 2024)," "러-우 전쟁 전망 및 미국의 국방전략과 한반도 안보에 주는 영향(『한국국가전략』 2024) 등이 있다.

서정건

현 경희대학교 정치외교학과 교수. 서울대학교 정치학과를 졸업한 후 미국 텍사스대(오스틴)University of Texas at Austin에서 미국 의회와 외교 정책을 주제로 정치학 박사 학위를 받았다. 미국 노스캐롤라이나 주립대학교(윌밍턴)University of North Carolina Wilmington에서 조교수(2007-2012)를 지냈으며 미국 우드로우 윌슨 센터에서 풀브라이트Fulbright 펠로우(2019)와 미국정치연구회 회장(2020)을 역임했고, 2025년 한국정당학회 회장으로 활동 중이다. 대통령실 국가안보실, 국회의장실, 외교부, 통일부 자문위원이며 한국연구재단 책임전문위원과 KBS 객원 해설위원 등을 지냈다. 단독저서인 『미국 정치가 국제 이슈를 만날 때』(서강학술총서, 2019)와 공저인 『미국 정치와 동아시아 외교 정책』(경희대학교 출판문화원, 2017)은 모두 대한민국 학술원 우수도서로 선정되었고 논문인 "The China Card: Playing Politics with Sino-American Relations (*Political Science Quarterly* 2012)"는 미국정치학회(APSA) 외교 정책 분야 최우수 논문(2009)으로 뽑혔다. 이외에 "Wedge Issue Dynamics and Party Position Shifts: Chinese Exclusion Debates in the post-reconstruction U.S. Congress, 1879-1882 (*Party Politics* 2011)," "미국 국내정치와 경제안보: 미국은 어떻게 중국을 견제하는가?(『국가전략』 2023)," "트럼프 행정부와 미국 외교의 잭슨주의 전환(『한국과 국제정치』 2017)" 등 다수의 공저와 논문을 출간하였다.

손열

현 EAI 원장이자 연세대학교 국제학대학원 교수. 시카고대학교University of Chicago에서 정치학 박사학위를 취득하였으며, 중앙대학교를 거쳐 현재 연세대학교 국제학대학원 교수, 재단법인 동아시아연구원East Asia Institute 원장이다. 연세대학교 국제학대학원 원장과 언더우드국제학부장, 지속가능발전연구원장, 국제학연구소장 등을 역임하였고, 도쿄대학 東京 특임초빙교수, 노스캐롤라이나대학(채플힐)The University of North Carolina at Chapel Hill, 캘리포니아대학(버클리)University of California, Berkeley 방문학자를 거쳤다. 한국국제정치학회 회장(2019)과 현대일본학회장(2012)을 지냈다. Fullbright, MacArthur, Japan Foundation, 와세다대 고등연구원 시니어 펠로우를 지내고, 외교부, 국립외교원, 동북아역사재단, 한국국제교류재단 자문위원, 동북아시대 위원회 전문위원 등을 역임했다. 전공분야는 일본외교, 국제정치경제, 동아시아국제정치, 공공외교이다. 최근 저서로는 『2022 대통령의 성공조건』(2021, 공편), 『2022 신정부 외교정책제언』(2021, 공편), 『BTS의 글로벌 매력 이야기』(2021, 공편), 『위기 이후 한국의 선택』(2021, 공편), Japan and Asia's Contested Order (2019, with T. J. Pempel), Understanding Public Diplomacy in East Asia (2016, with Jan Melissen), "South Korea under US-China Rivalry: the Dynamics of the Economic-Security Nexus in the Trade Policymaking (*The Pacific Review* 23, 6, 2019)", 『한국의 중견국외교』(2017, 공편) 등이 있다.

양준석

현 성균관대학교 정치외교학과 부교수. 이익집단 정치, 여론, 경제 및 외교 정책을 국제/비교정치경제 맥락에서 연구하고 있다. 구체적으로, 현재 (1) 기업이 정책 결정 과정에 영향을 미치는지 여부와 그 방식, 그리고 (2) 시민들이 통상 및 외교 정책을 평가하는 매커니즘과 이러한 평가가 투표 결정으로 어떻게 이어지는지에 대한 연구를 진행하고 있다. 지금까지 *American Journal of Political Science, Comparative Political Studies, Review of International Political Economy, Journal of Policy Analysis and Management, Environmental Science & Technology*를 포함한 다양한 저널에 학술 논문을 발표하였다. 콜롬비아대학교Columbia University in the City of New York에서 정치학 박사 학위를 취득했으며, 2012년 콜롬비아대학교 국제공공정책대학원School of International and Public Affairs: SIPA에서 국제관계학 석사 학위를, 연세대학교에서 정치학과 불어학 학사 학위를 받았다. 또한 현재 대한민국 외교부 정책 자문위원으로 활동하고 있다.

전재성

현 EAI 국가안보연구센터 소장이자 서울대학교 정치외교학부 교수. 현재 통일부/외교부/국방부/육군/해군 자문위원을 맡고 있다. 한국국제정치학회 회장(2021), 서울대 국제문제연구소장, 서울대 통일평화연구원 부원장직을 맡은 바 있다. 일본 게이오 대학교 방문교수를 2년 간 역임한 바 있다. 주요 연구분야는 국제정치이론, 국제관계사, 동아시아 안보론, 한국외교정책 등이다. 서울대학교 외교학과 학사, 석사를 거쳐, 미국 노스웨스턴 대학교Northwestern University에서 국제정치이론으로 국제정치학 박사를 받았다. 주요 저서로는 『동북아 국제정치이론: 불완전주권국가들의 국제정치』(한울, 2020), 『주권과 국제정치: 근대주권국가체제의 제국적 성격』(서울대학교 출판문화원, 2019), 『정치는 도덕적인가?: 라인홀드 니버의 초월적 현실주의』(한길사, 2012), 『동아시아 국제정치: 역사에서 이론으로』(동아시아연구원, 2011)등이 있다. 편지모는 『동아시아 지역질서 이론: 불완전 주권과 지역갈등』(사회평론, 2018), 『복잡성과 복합성의 국제정치』(사회평론, 2017), 『미중 경쟁 속의 동아시아와 한반도』(늘품플러스, 2015) 등이 있다.

정영우

현 인천대학교 정치외교학과 조교수. 서울대학교 사회학과를 졸업하고 동대학 정치학과에서 석사학위를 취득한 뒤 미국 오레건 주립대학 University of Oregon 정치학과에서 "Labor Market Policy American Style: State Capacity and Policy Innovation, 1959-1968"로 박사학위를 받았다. 다양한 질적 연구방법들과 역사적 접근법에 의존하여 미국 국내정치, 미국정치발전American Political Development, 미국정치경제 분야를 연구하고 있다. 주요 논문은 *POLITY*와 *Journal of Policy History*에 실렸으며 최근 저술로는 "미국정치발전과 미국 정부 연구를 위한 연구 노트 (『글로벌정치연구』2023)," "Redesigning, Subverting, Rolling Back: How East Asia's Conservatives Rebuilt Legitimacy (*Journal of Contemporary Asia* 2023)," "역사적 제도주의, 경로의존, 인과적 설명: 자본주의 다양성 이론과 대처리즘을 중심으로(『연구방법논총』 2024)" 등이 있다.

차태서

현 성균관대학교 정치외교학과 부교수. 한국국방연구원KIDA 안보전략센터 연구원, 공군사관학교 군사전략학과 전임강사 등을 역임하였다. 담론분석과 정치사상사를 기반으로 미국 외교와 세계질서 변동 연구에 집중해 왔으며, 성찰적 현실주의의 시각에서 신냉전 시대 국제관계 변화와 한국 외교의 대응방향을 모색할 계획이다. 최근 저술로는 『30년의 위기: 탈단극 시대 미국과 세계질서』(2024), "Contending American Visions of North Korea: The Mission Civilisatrice versus Realpolitik (*Millennium Journal of International Studies* 2024)" 등이 있다.

하상응

현 서강대학교 정치외교학과 교수. 시카고 대학교University of Chicago에서 박사학위를 취득한 후, 예일대학교Yale University 사회정책연구소 Institution for Social and Policy Studies 박사후 연구원, 뉴욕시립대Brooklyn College-CUNY 정치학과 조교수를 역임하였다. 주요 연구 분야는 정치심리학, 여론, 투표행태, 미국정치다. 최근 출판된 논문으로는 "민주적 원칙과 당파적 이익: 2020년 국회의원선거에서 위성정당에 대한 태도와 투표선택(『한국정당학회보』2023)," "한국 유권자의 정당일체감: 사회적 정체성인가, 정치적 이해관계인가?(『한국정치학회보』 2022)" 등이 있다.

트럼프의 귀환, 미국의 미래

편저자	손열, 하상응
발행인	손열
발행처	(재)동아시아연구원
발행일	2025년 1월 20일
편집 · 디자인	이소영
인쇄	타라그래픽스
주소	서울특별시 종로구 사직로7길 1
전화	02-2277-1683 (代)
팩스	02-2277-1684
홈페이지	www.eai.or.kr
등록	제2-3612호(2002. 10. 7.)
ISBN	979-11-6617-844-3 93340

이 책에 실린 글과 이미지의 무단전재 · 복제를 금합니다.
이 책 내용의 전부 또는 일부를 재사용하려면 발행처의 동의를 받아야 합니다.